NÃO FAÇA TEMPESTADE
EM COPO D'ÁGUA
PARA MULHERES

Kristine Carlson

NÃO FAÇA TEMPESTADE EM COPO D'ÁGUA PARA MULHERES

Maneiras simples e práticas de fazer o que é
importante e ainda encontrar tempo para você

Tradução de
ROLF WYLER

Rio de Janeiro ~ 2003

Título original
DON'T SWEAT THE SMALL STUFF FOR WOMEN
Simple and Practical Ways to Do What Matters
Most and Find Time for You

Copyright © 2001 *by* Kristine Carlson

"Primeira publicação pela Hyperion, Nova York, N.Y.
Todos os direitos reservados."

"Publicado mediante acordo com Linda Michaels Limited,
International Literary Agents."

Direitos mundiais para a língua portuguesa
reservados com exclusividade à
EDITORA ROCCO LTDA.
Rua Rodrigo Silva, 26 – 4º andar
20011-040 – Rio de Janeiro – RJ
Tel.: (21)2507-2000 – Fax: (21)2507-2244
rocco@rocco.com.br
www.rocco.com.br

Printed in Brazil/Impresso no Brasil

preparação de originais
MÔNICA MARTINS FIGUEIREDO

CIP-Brasil. Catalogação-na-fonte.
Sindicato Nacional dos Editores de Livros, RJ.

C281n
Carlson, Kristine, 1963-
  Não faça tempestade em copo d'água para mulheres: maneiras simples e práticas de fazer o que é importante/Kristine Carlson; tradução de Rolf Wyler. – Rio de Janeiro: Rocco, 2003.
  – (Arco do Tempo)

  Tradução de: Don't sweat the small stuff for women: simple and practical ways to do what matters most and find time for you
  ISBN 85-325-1625-4

  1. Conduta. 2. Paz de espírito. 3. Mulheres – Psicologia. I. Título.
II. Série.

03-1419
CDD – 158.1082
CDU – 159.947-055.2

Dedico este livro às três mulheres mais importantes de minha vida: minha mãe, Patrícia Anderson, que me deu a dádiva da vida; e minhas filhas, Jazzy e Kenna, que me dão a incrível dádiva de seu amor. É um privilégio ser mãe de vocês, e eu as amo assim como são, para sempre e o tempo todo.

AGRADECIMENTOS

❦ ❦ ❦

Eu gostaria de agradecer especialmente a Richard Carlson, um tesouro de marido, por sua incrível inspiração e bondade em me dar esta oportunidade de participar. Gostaria de agradecer a meus pais, Pat e Ted Anderson, por me amarem sempre e terem me proporcionado uma infância maravilhosa, além de um excelente começo na vida. A minha editora, Leslie Wells, por sua assistência, orientação e encorajamento. Meus sogros, Don e Barbara Carlson, por todo apoio e entusiasmo que nos deram durante todos esses anos.

Fui abençoada com grandes amizades. Gostaria de agradecer a todas as mulheres especiais que fizeram parte de minha vida, me dando apoio e estímulo, e que me ajudaram simplesmente servindo, com sua presença, de fonte de inspiração. A começar com aquelas mulheres que considero as mentoras de minha vida, uma por uma: Betty Norrie, Sheila Krystal, Michael Bailey, e minha tia Pauline Anderson. Minhas amigas queridas que tanto me apoiaram e estimularam em todas as fases deste livro: Kimberly Bottomley, Lisa Marino, Jane Carone, Cindy Driscoll, Melanie Edwards, Caroline Benard, Frances Evensen, Carole Stewart, Carol Simons, Christine Scharmer, Jeanine Stanley, Pamela

Hayle-Mitchell, Marni Posl, Corry Wille, Heidi Mitchell-Springer e Victoria Moran – e um agradecimento especial a todas as mulheres de minha vida que são uma dádiva e inspiração tão incrível. Eu as estimo muito, todas!

SUMÁRIO

Prefácio 13
Introdução 17
1. Dê adeus à mulher maravilha 23
2. Dê a partida de forma tranqüila 27
3. Não se sobrecarregue com reuniões 31
4. Ajude a tirar as amigas da fossa 33
5. Mande o tédio para o espaço 36
6. Pare de se medir pela régua da mídia 40
7. Esclareça com a pergunta: quer minha opinião
   ou devo apenas ouvir? 42
8. Faça as pazes com o mundano 45
9. Mergulhe na sujeira 47
10. Não se enrole com as irmãs Teria, Poderia e Deveria... 49
11. Mexer a panela, só se for para fazer o jantar ... 52
12. Fale com amor 55
13. Ouça com amor 58
14. Mire-se no espelho 61
15. Adapte-se às reviravoltas 64
16. Tenha uma amiga do peito 67
17. Construa recordações para seus filhos 69
18. Seja reflexiva 72
19. Mande o estresse para o espaço 74

20. Talvez não seja pessoal 77
21. Não deixe que seus familiares fujam do dever 79
22. Não cultive a inveja 81
23. Encontre e partilhe seus dons 84
24. Conceda-se um tempinho 87
25. Solte a pressão aos poucos 90
26. Acolha elogios dizendo apenas "obrigada" 93
27. Evite encrespar-se eletronicamente! 95
28. Proteja sua chama interior 98
29. Compreenda a diferença entre intuição e medo 101
30. Estabeleça limites bem definidos 104
31. Abra mão da "perfeição" em seus planos 107
32. Não deixe que as dúvidas abalem você 110
33. Presenteie-se com a dádiva do perdão 112
34. Seja autêntica 114
35. P.S. – estou na TPM! 117
36. Reduza seu limiar 120
37. Deixe que seus filhos se desenvolvam 123
38. Escreva uma carta e descubra a quantas anda seu coração 126
39. Agregue o novo e renuncie ao velho 128
40. Pare de nadar contra a correnteza 131
41. Não seja palpiteira 133
42. Cultive a beleza de dentro para fora 136
43. Meu jeito não é *o* jeito – é apenas *meu* jeito 139
44. Pare de ampliar os defeitos 142
45. Comemore nossa capacidade de dar à luz 145
46. Saiba meditar e acalme a mente 148
47. Vá fundo e desabafe (uma vez só) 151

48. Estabeleça suas prioridades 153
49. Não tropece no excesso de bagagem 156
50. O certo é viajar com pouca bagagem 159
51. Hamster é que patina sem sair do lugar 164
52. Use a carreira profissional para o trabalho espiritual ... 168
53. Saiba quando o ego domina 172
54. Seja receptiva à nova amizade 174
55. Envelheça com elegância 176
56. Talvez ele não leve jeito 179
57. Interiorize-se para achar as respostas 182
58. Vista-se de dentro para fora 185
59. Use símbolos que recordem o espírito 187
60. Sossegue e tire partido da situação 190
61. Supere a monotonia da rotina 192
62. Seja grata pelas pequenas coisas 195
63. Reverencie sua mãe 198
64. Comemore "estar" solteira! 201
65. Descubra seu caminho 205
66. Deixe seu entusiasmo ferver 208
67. Compartilhe as "boas" histórias 210
68. Diga (sem culpa)"não, mas obrigada por perguntar"... 213
69. Conceda-se um pouco mais de tempo 217
70. Junte-se às garotas 219
71. Não exagere na identificação das funções 222
72. Desarme a explosão de pensamento! 226
73. Quando tudo dá errado 229
74. Passe um dia por conta da inspiração 231
75. Reclame com quem a irritou 234
76. Tempere seu lado sexy 239

77. Adote o padrão 99 por cento sem fofoca 243
78. Tenha uma alternativa para a babá 245
79. Não se pese todos os dias 248
80. Junte ao mundo material o espiritual 250
81. Saiba quando deve desligar as armadilhas tecnológicas 255
82. Não deixe que a raiva a domine 258
83. Agarre suas oportunidades 261
84. Campo ampliado, perspectiva melhorada 264
85. Estabeleça novos limites 267
86. Não combata fogo com fogo – a não ser em queimadas controladas 272
87. Ao simplificar, pense em termos de prevenção 275
88. Diga: "que grande idéia!"(e a ponha em prática) 278
89. Não leve tudo tão a sério 282
90. Idealize sua feminilidade 286
91. Saiba onde seus calos doem 288
92. Passe pelas portas que já estão abertas 291
93. Reconheça suas emoções 293
94. Lembre-se do que significa ser humana 296
95. Localize seu canto de compaixão 300
96. Lembre-se: o baixo-astral dura pouco 304
97. Suba seus morros passo a passo 308
98. Defina seus probleminhas 310
99. Saiba firmar-se sobre as pernas 313
100. Preze a jornada 317
Nota da autora 320

PREFÁCIO

É um sonho que se realiza e uma verdadeira honra estar sentado aqui hoje, escrevendo o prefácio do livro de Kris Carlson. Não apenas estamos casados, Kris e eu, há mais de 15 anos, mas também somos bons amigos. Partilhamos muito amor, respeito e, mais do que qualquer outra coisa, o riso.

Como você vai descobrir a seguir, Kris é uma linda escritora, mas ela é muito mais que isso. É uma mãe dedicada e amorosa, e amiga de muitas pessoas. Ela é sábia, tem compaixão, sabe perdoar, e, na maioria das vezes, não faz tempestade em copo d'água. De verdade! Além disso, está sempre disposta a rever seus próprios casos e, quando fica transtornada, isso nunca dura muito tempo. Embora seja otimista, ela também é realista. Tem consciência dos problemas que a maioria das mulheres precisa enfrentar – mas também tem o dom de apontar soluções que são legítimas.

Por muitos anos, Kris e eu temos refletido e debatido os casos, soluções e as estratégias em todos os livros da série *Não faça tempestade em copo d'água...* Normalmente começamos o nosso dia com uma breve meditação em conjunto, seguida de um debate franco sobre qualquer assunto. Falar com ela é divertido porque não apenas ela percebe a natureza de muitos problemas, como também é capaz de ver o humor na maioria das situações. E, apesar de nunca rir de outra pessoa, ela quase sempre é capaz de rir de si mesma – um ingrediente necessário para poder ser uma verdadeira professora de felicidade.

Existem assuntos que só uma mulher pode compreender. Eu sou suspeito para afirmar, naturalmente, mas nunca conheci uma pessoa mais qualificada do que Kris Carlson para lidar com os pequenos problemas das mulheres. De fato, as únicas vezes em que Kris diz para mim "você simplesmente não entende", é sempre sobre um assunto que diz respeito especificamente às mulheres! Sendo pai de duas filhas que eu nem "sempre entendo", fico feliz que Kris esteja por perto para tomar conta delas!

Sei que vocês vão adorar este livro. Está recheado de sabedoria e bons conselhos sobre um montão de coisas do dia-a-dia. Kris é capaz de chegar ao cerne de uma questão de forma honesta, respeitosa e descontraída. Não há desperdício de palavras ou encheção de lingüiça. O que estão para ler trata-se do bom e velho senso comum com uma pitada de perspicácia e muita sabedoria.

Muitos de meus amigos são mulheres, e com o passar dos anos fui apresentado a centenas delas, vindas de todas as partes do mundo. Também fui criado por uma mãe formidável e duas irmãs maravilhosas. E agora eu tenho duas filhas. Ao ler esse livro, vi passarem, em cada página, todas as mulheres que conheço – e conheci. Os conselhos aplicam-se a todas as mulheres – jovens e velhas, solteiras, casadas, divorciadas ou viúvas.

É comum eu dizer: "Estamos todos metidos nisso." Isso significa que, como cidadãos do mundo, estamos todos sujeitos aos problemas de ser humanos – nenhum de nós está livre disso. No entanto, não há dúvida de que as mulheres são absolutamente diferentes dos homens – nos problemas, tendências, preocupações e prioridades. Eu nunca vou saber exatamente o que é ser mulher, mas percebo que todas aquelas que conheço poderão tirar algum tipo de proveito deste livro, de uma ou outra forma.

Minha maior esperança é que as pessoas – homens e mulheres – aprendam, todas, a ser mais felizes, vivendo mais tranqüilas. Se for mulher, este livro vai ajudá-la a se orientar nesta direção. É uma boa leitura, e uma maneira divertida de aprender a não fazer tempestade em copo d'água.

Valorize-se.

RICHARD CARLSON
Benicia, Califórnia
Outubro de 2000

INTRODUÇÃO

Em sua maioria, as mulheres nunca estiveram tão bem. Graças às nossas mães, avós e bisavós, nós conquistamos a igualdade com os homens (mesmo que alguns deles não pensem assim). Fizemos incríveis progressos nas áreas profissionais ditas de colarinho-branco ou nas que vestem macacões, e derrubamos as barreiras de gênero em quase todas as indústrias. Mais do que nunca, somos respeitadas pelos outros e nos respeitamos. E merecemos isso! Temos mais independência, opções e facilidades do que nunca, e, também, a capacidade de viver vidas ricas e mais do que plenas.

Ao lado das muitas opções que criamos para nós mesmas, surge, no entanto, um certo grau de confusão bem real seguido de uma impressão de estarmos sendo sepultadas. Diferentemente das mulheres que fizeram parte das gerações que nos precederam, sentimos falta de um modelo concreto pelo qual nos pautar. Em vez disso, esperam que sejamos capazes de fazer tudo sempre – a toda hora. Levamos nossa habilidade de execução simultânea de várias tarefas, e na obtenção de uma produção tremendamente volumosa, para novos níveis. Somos "supermulheres" com muito para comemorar – no entanto, estamos exaustas!

Uma coisa que *não mudou* muito é que muitas de nós continuam com a tendência de fazer tempestade em copo d'água! Somos incrivelmente fortes e, ironicamente, nos saímos muito bem quando os desafios são grandes. Se há uma crise, nós a encabeçamos. Se uma amiga está precisando de apoio, lá estamos nós. Se há uma criança doente, apóie-se na força de uma mulher. Se há um sacrifício a ser feito, as probabilidades são de estarmos à altura do momento e acharmos um meio para fazer o que deve ser feito.

Por outro lado, somos as primeiras a pôr "tudo a perder" quando confrontadas com probleminhas! Somos capazes de implicar com coisas insignificantes, ser mesquinhas, nervosas e tensas. Muitas de nós são perfeccionistas, altamente controladoras e facilmente ofendidas. Encaramos as coisas de forma muito pessoal e nos tornamos temperamentais e dramáticas. Com freqüência nos aborrecemos, nos irritamos e nos frustramos rapidamente.

Foi uma grande experiência ser co-autora de Richard em *Não faça tempestade em copo d'água no amor*. Mas devo admitir, no entanto, que, quando Richard me pediu pela primeira vez que escrevesse sozinha este livro, uma parte de mim queria fugir o mais rapidamente possível na direção oposta! Contudo, eu sabia, após alguma reflexão, que não poderia simplesmente recusar a oferta. Aquilo seria um desafio e faria parte de minha viagem espiritual. O livro me propiciou a oportunidade de refletir sobre, e registrar com palavras, todas aquelas coisas que eu vinha tentando pôr em prática durante toda a minha vida.

Eu gostaria que soubessem que os conselhos contidos neste livro não partiram de uma mulher com qualquer tipo de complexo de superioridade ou qualquer ilusão de que é dona da verdade. Longe disso: sou uma pessoa normal, do tipo que você vê todos os dias e que teve de lidar, ou que está intensamente envolvida com a maioria dos assuntos e desafios contidos neste livro. Em graus distintos, a maioria das mulheres está em luta constante contra o visual físico do corpo, as escolhas familiares, orçamentos, homens, amigos, modo de vida, administração de horários, educação de filhos e equilíbrio. Eu também estou nessa. Afinal, este é o material de que é feito a vida, e do qual nenhuma de nós escapa!

Admito que meu maior trunfo é que, como Richard, sou uma pessoa autenticamente feliz na maior parte do tempo. Tenho a tendência de achar que o copo está mais para meio cheio do que meio vazio. Eu sempre me senti grata por ser mulher e por estar viva. Felicidade e paz de espírito sempre foram uma prioridade. Devido à minha natureza e aos esforços que fiz nesse sentido, cheguei à conclusão de que não é necessário (na maior parte do tempo) fazer tempestade em copo d'água. Meu objetivo, ao escrever este livro, é orientar vocês nesta direção. Descobri que quanto menos me aborreço, tanto mais me sinto capaz de comemorar o fato de ser mulher.

Como tantas outras mulheres, encontro toda sorte de razões (embora algumas muito superficiais, mas nem por isso menos prazerosas) para apreciar pertencer à espécie feminina. Adoro camisetas com um pouquinho de renda, com motivos campestres franceses, e essências à base de canela. Adoro banhos de imersão aromatizados e lidar com maquiagem. Para mim, não existe nada mais legal do que ser "manhê", e eu adoro fazer as unhas e pentear os cabelos de minhas filhas. Também curto muito ser mulher de Richard. Valorizo minhas amigas e a compaixão, compreensão e sensibilidade que nos oferecemos mutuamente no dia-a-dia. Amo expressar-me de forma apaixonada por meio da arte, fazer de meu lar um porto seguro, fazer exercícios, praticar ioga e meditação – e, devo admitir, também adoro fazer compras!

Por outro lado, também experimentei, em primeira mão, os diversos desafios, circunstâncias e assuntos com os quais as mulheres precisam lidar hoje em dia; todas as funções, desde ser dona de um negócio em tempo integral, até ser uma mulher que abraçou uma carreira em regime de meio expediente misturado com maternidade. Também fui mãe em tempo integral e gerente do lar. Fui bem-sucedida em algumas coisas e um pouco menos em outras. Durante um bom tempo tivemos que batalhar para fazer com que, financeiramente, o ter se igualasse ao dever. Fui solteira e, hoje, sou mulher casada. E, é claro, houve uma época, embora às vezes eu tenha dificuldades de me lembrar, em que eu era adolescente rebelde e universitária.

Este é um livro para mulheres ocupadas que querem tirar o máximo da vida enquanto fundem os mundos material e espiritual, sem sacrificar o que são capazes de dar aos outros. Ao colocar em prática essas estratégias, sua vida não será perfeita, mas não há dúvida de que você terá mais alegrias e as tarefas parecerão fáceis de ser administradas. Criei estratégias fáceis de executar, embora cheias de impacto. Cada uma delas visa mostrar a você uma maneira mais completa de se valorizar, de se ligar ao seu espírito, de permitir-se mais tempo, de inspirar novas perspectivas ou ajudá-la a deixar de lado as pequenas coisas que a incomodam. Resumindo, estas estratégias lhe darão mais opções. Permitirão que você reaja de forma mais amena – de modo a se tornar mais receptiva e reflexiva. Acredito que as mulheres são sábias e dotadas de uma incrível capacidade de recuperação. E, ao processar algumas mudanças e ajustes, ainda que pequenos, somos capazes de trazer à tona esta sabedoria.

Independente da parte da jornada em que você se encontra, eu a convido a juntar-se a mim no decorrer das próximas páginas. Sinto-me honrada e entusiasmada em poder partilhar os pontos de vista da filosofia do *Não faça tempestade...*, específicas para nós mulheres. Sei, do fundo de minha alma, que cada uma de nós tem um dom em potencial – para a sabedoria, a criatividade, o amor, a bondade, a compaixão, forças e afeto. Eu lhe desejo uma vida inteira permeada dessas qualidades e de quaisquer outras que julgue importantes para você. Boa sorte!

1
DÊ ADEUS À MULHER MARAVILHA

Vi um adesivo de pára-choques que dizia: "Eu sou mulher. Sou invencível. Estou cansada." Amiga, isso não diz tudo? De onde nós, mulheres, tiramos a idéia de que devemos ser perfeitas e executar tudo com o entusiasmo e a graciosidade da Mulher Maravilha? Não há mal em dar a tudo que faz o melhor que existe em você, mas quando suas expectativas são muito altas e sua cabeça dói ou seu cabelo parece prestes a cair, você deve começar a pensar em se despedir da Mulher Maravilha que mora dentro de você.

A chave para esta estratégia pode ser desdobrada em três partes. Primeira: abandone a idéia de que você pode fazer tudo. Quando você não pode dar conta de tudo que está relacionado na sua lista de afazeres, isto não significa que você seja inapta. Segunda: peça ajuda quando precisar dela. Terceira: esteja disposta a fazer modificações quando o seu sistema pifar. Se você conseguir fazer estas três coisas, é sinal de que começou a se despedir da Mulher Maravilha!

Eu me recordo de que achava que seria o tipo de mulher que conseguiria facilmente equilibrar maternidade, carreira e interesses externos, assim como manter um casamento perfeito. Tirei as coisas de letra até a chegada de nossa segunda filha, a linda Kenna. Nessa altura, meu sistema pifou e as coisas perderam o equilíbrio. Kenna era um dos bebês mais doces que já se viu. Porém, era sujeita a inflamações de ouvido e freqüentemente tinha febre alta. Tratada com antibióticos, ficava doente com muita constância. A creche estava fora de questão; nem me passaria pela cabeça ter outra pessoa cuidando de minha filha.

Finalmente, numa manhã agitada, me veio uma solução. Quando me acalmei, compreendi que estava tentando preservar uma imagem que estava inteiramente fora de controle, e que aquilo era maior do que minha energia ou do que tudo que imaginei ser possível. Foi como se tivessem acendido uma lâmpada; tornou-se óbvio que tinha chegado a hora de dar adeus à Mulher Maravilha – e foi exatamente isso que fiz!

Comecei a pensar que era chegada a hora de proceder à primeira mudança de minha carreira; eu ia passar de projetista de artes gráficas para gerente do lar. Embora financeiramente não fosse o melhor momento, nós achamos que nossa família estaria mais bem servida se eu me licenciasse de meu negócio. Decidi que precisava dar prioridade às necessidades de minha família (e sua sanidade mental) em detrimento de minha própria necessidade de me agarrar à "Mulher Maravilha", que pensava que poderia tocar um negócio durante a sesta. Era simplesmente demais!

Depois dos ajustes iniciais, percebi que tomar conta de nossas duas filhas em tempo integral era muito divertido, mesmo que com isto sobrasse menos dinheiro – e era tão mais gratificante pois não havia a pressão e a frustração de uma programação de trabalho.

O estresse é um fenômeno verdadeiro, mas leve em consideração quanto dele é criado por você mesma. Se o que seu marido ganha não é suficiente para prover a família adequadamente, então sua única opção pode ser a de ir trabalhar fora. Por outro lado, se o que seu marido ganha dá, com folga, para sustentar a família, mas mesmo assim você resolveu ir trabalhar e anda sempre estressada e infeliz devido a este seu emprego – bem, no meu livro, isto é um caso totalmente diferente.

Pode parecer que estou defendendo o ponto de vista de que todas as mães deveriam ficar em casa com seus filhos em vez de ir trabalhar fora. Não estou. O que estou tentando dizer é que todas nós devemos dar uma olhada em nossas vidas, à medida que as circunstâncias mudam, e refletir sobre nossas prioridades. Na medida em que os grandes acontecimentos ocorrem – por exemplo, a chegada de um recém-nascido, doença dos pais, cuidar de criança doente –, não podemos esperar que nossas vidas continuem como sempre. Devemos avaliar se nosso modo de vida atual é o melhor para nós ou não e, caso não seja, tomar um novo rumo, fazendo pequenos ajustes e mudanças.

Se, por outro lado, você pode obter alguma flexibilidade no seu esquema de trabalho, quando isto se fizer necessário, e conta com uma boa estrutura de apoio e, além do mais, todos os membros da família estão progredindo, então, que bom para você – descobriu um equilíbrio que funciona.

Lembre-se de que a Mulher Maravilha acha que pode fazer tudo e ser tudo para todos, tudo ao mesmo tempo! Ela nunca diz "não, mas obrigada por perguntar", quando solicitada a doar voluntariamente seu tempo. Ela não sabe estabelecer limites, e continua a acrescentar mais e mais à agenda sem cancelar nada. Corre de um lado para o outro e vai deixando atrás de si uma trilha frenética de atividades. Ela acrescenta mais um encontro à sua lista ou mais um bichinho de estimação para cuidar. Nunca diz não para um almoço ou qualquer outro convite social – salvo se, é claro, ela já tiver um compromisso marcado. Sempre recebe hóspedes. Será que ela tem uma família? Bem, se não tiver, pode apostar que vai dar um jeito de colocar uma em sua programação! Quaisquer que sejam suas razões, ela faz coisas demais e, finalmente, desmorona de exaustão!

Se isto lhe soa familiar, está na hora de reavaliar sua imagem de "Mulher Maravilha" e as expectativas que se impôs. Quer seja mãe em tempo integral ou uma executiva empresarial, solteira, casada com filhos, qualquer outra coisa, está na hora de fazer-lhe umas perguntas bem fundamentais. Você não desfrutaria mais de seus filhos e teria mais a oferecer a eles, do ponto de vista emocional, se, de vez em quando, tirasse umas folgas? Em nome das boas ações praticadas para ajudar aos outros, você não estaria desperdiçando o tempo de seus filhos? Seu negócio utiliza sua casa como escritório; e como fica sua vida, inteiramente tomada pelos negócios? Quanto de seu tempo é tomado pela empresa para a qual trabalha, e quanto mais você estaria disposta a sacrificar para continuar galgando os degraus da escada de promoções?

O que deve ser levado em consideração é o seguinte: se você está estressada, se trabalha demais e se encontra exausta, avalie as coisas sobre as quais tem controle e faça algumas mudanças. Mais importante: compreenda que não tem obrigação de ser perfeita – e que Mulher Maravilha é só o fruto da imaginação de outrem.

2

DÊ A PARTIDA DE FORMA TRANQÜILA

❦❦❦

Poucos discordariam que, no mundo de hoje, a vida é complexa, atarefada e, por vezes, estressante. No entanto, dependendo de como escolhe começar o dia, você pode diminuir substancialmente a sensação de seu estresse – quase que a despeito das circunstâncias que a cercam.

Compare estes dois cenários: no primeiro caso, você salta da cama, engole uma xícara de café e mergulha na sua lista de "tarefas a fazer". Você enche a cabeça com planos, preocupações e considerações. Passa mentalmente em revista tudo que há para fazer. Você pensa nas discussões da véspera, nos desapontamentos e conflitos. Antecipa os problemas que estão à sua espera hoje. Liga o rádio, se conecta à Internet, liga a televisão, ou abre o jornal para ver o que está acontecendo no mundo. O que você vai ver, é claro, são muitas notícias más. Em questão de minutos, o estresse que sentia foi reforçado.

Você corre para lá e para cá, arrumando as coisas e se preparando para o dia. Se tem filhos, dá início a um processo interminável. Você está apressada, agitada e com a paciência um pouco curta. Estuda sua agenda ou folha de planejamento diário para conferir o que o dia de hoje lhe reserva. A primeira meia hora da sua manhã é considerada como "preparação". Contudo, o que você realmente fez foi preparar-se para mais uma experiência estressante.

O cenário número dois é bem diferente. Você se levanta da cama mais cedo do que de costume e começa seu dia com um autêntico sorriso. Senta-se no chão e faz um suave alongamento. Quando seu corpo começa a esquentar e você começa a sentir-se bem, fecha os olhos e gasta alguns minutos em serena meditação. Sua respiração é profunda e tranqüila. Sua mente está desobstruída.

Ao abrir os olhos, você goza de uma sensação de paz, sente que tudo vai ficar bem. Você se sente ligada, segura e confiante. Após mais umas inspirações profundas, reflete sobre duas ou três coisas pelas quais deva ser grata. Você não faz um estardalhaço disso, mas simplesmente lembra a você mesma que é uma dádiva estar viva.

Ao seu lado, existe uma pilha de livros que são edificantes, inspiradores e falam sobre espiritualidade. Você abre um deles e lê durante pelo menos cinco minutos. Você pode escolher um lindo livro de poesia, a Bíblia, algo sobre a filosofia budista, ou de algum de seus autores favoritos. A escolha é toda sua.

Depois de uma breve leitura, você se sente viva e pronta para enfrentar seu dia. Está entusiasmada e, no entanto, não se sente apressada, duas características altamente produtivas.

Tão dramaticamente diferentes como são esses dois modos de vida, nós temos sobre eles, na maior parte do tempo, o poder absoluto de fazer a escolha entre um ou outro. E enquanto o cenário de número um, o da escolha frenética, é, de longe, o mais popular e atraente, o cenário de número dois é muito mais tranqüilo.

É fácil criar seu próprio ritual matinal de modo a realçar, e não destruir, o restante de seu dia. Na maioria das vezes, o horário ideal para fazer coisas como rezar, meditar e fazer ioga e leitura espiritual é de manhã cedo. As crianças provavelmente ainda estão dormindo, o telefone não vai tocar e as exigências ainda não foram disparadas. E o mais formidável é que você pode organizar este horário especial da forma que achar melhor. Pode incluir o café da manhã ou chá, velas, incenso, música e qualquer outra coisa que você considere prazerosa ou útil. Uma vez que estabeleceu este tipo de ritual de paz, não importa como o tenha organizado, você vai se perguntar como conseguiu viver sem ele até aquela ocasião.

O argumento usado contra a opção mais tranqüila é, tal como você imaginava, "a falta de tempo". Mas quando você efetivamente pensar no caso, vai ver que se trata de uma desculpa esfarrapada. Mesmo que eu precisasse me arrastar para fora da cama vinte minutos mais cedo, preferiria começar meu dia de forma tranqüila, sem correria, a iniciá-lo de maneira tão estressante. A vantagem é simplesmente grande demais para ser ignorada.

O problema de se começar o dia com a agitação proporcionada pela palavra de ordem "atacar" é que esta mentalidade vai dominá-la durante o dia todo. Uma vez que você tenha assumido uma postura exaltada, será bem difícil conseguir se livrar dela. Felizmente o oposto também é verdadeiro. Se der início ao dia da forma mais tranqüila, a tendência será carregar este sentimento de paz com você para o que quer que faça.

É bom lembrar que, quando você está calma e tranqüila, sua criatividade e elasticidade são bem maiores. Em vez de estar sempre atacando, você fica mais compreensiva. Portanto, concretamente falando, os vinte ou trinta minutos que gastou para ajeitar-se para um dia cheio de paz vão lhe resguardar por muito mais tempo do que o gasto com a preparação. Em outras palavras, você realmente não tem tempo para *não* fazer assim. Vai cometer menos erros, reduzirá o número de conflitos, verá as coisas com maior clareza e vai conseguir uma curva mais acentuada de aprendizado. Seu raciocínio vai ser mais sábio, criativo e objetivo.

Espero que explore essa idéia, pois acredito que isso fará uma enorme diferença no seu cotidiano. Eu só fico imaginando como seria este mundo se todas as mulheres começassem os dias de uma forma mais tranqüila. Nós certamente merecemos isso!

3
NÃO SE SOBRECARREGUE COM REUNIÕES

❦❦❦

Aposto que você conhece algumas mulheres que são assim (você até pode ser uma delas). Elas vão a todas as reuniões de pais e mestres, fazendo parte da mesa na primeira oportunidade que se apresenta. São a última palavra em termos de "mães de associações". Organizam todos os eventos que se apresentam para levantar fundos, do tipo quermesse; são voluntárias para ajudar em todos os eventos escolares, sempre prontas para ser as mães-representantes, as responsáveis pela limpeza da comunidade e grupos de igreja ou templo. Se essas mulheres trabalham fora, estarão propensas às mesmas tendências no ambiente de trabalho – fazem parte de comissões e participam de todos os comitês possíveis. Isto se reflete em todos os aspectos de suas vidas.

Às vezes é uma tentação ficar sobrecarregada de reuniões. É a camaradagem de fazer parte de um grupo de pessoas que pensam do mesmo modo; pode ser bem divertido trabalhar em grupo por uma causa comum. E é gostoso ser útil e sentir que precisam de sua ajuda. Certamente não há nada de errado em ser voluntária para as boas ações; de fato acredito que todos sintam necessidade de contribuir com aquilo que podem. É importante envolver-se na vida de seus filhos, quer seja para ajudar a levantar dinheiro para a construção do novo ginásio esportivo da escola ou para servir de guia para o acampamento de bandeirantes de sua filha.

Porém, se você vive correndo o dia todo como uma condenada, de um evento para o outro – apressando seus filhos no jantar para que você possa chegar a tempo para a reunião das 10 horas do centro comunitário, apressando o café da manhã para que você possa fazer aquela corrida de cinco quilômetros em prol do abrigo de animais, em correrias constantes para reuniões, levantamento de fundos e similares –, você provavelmente assumiu coisas demais e está sentindo o repuxo de ter se sobrecarregado de reuniões.

Quando você pensa nisso, seus filhos realmente não se beneficiam com o fato de terem uma mãe sobrecarregada de compromissos. Não é nem um pouco divertido para eles não ter você em casa na maioria das noites da semana por conta de uma reunião ou outra. E levá-los para assistir aos jogos de futebol é uma coisa, mas ser o treinador e também a organizadora da maioria das outras atividades de que eles participem pode constituir-se em um sorvedouro de tempo.

Aqui vai algo para ser levado em consideração: doe o seu tempo de forma sábia e certifique-se de que aquilo que faz não interfere no tempo que você dedica a seus filhos. Se você seleciona apenas uma ou duas coisas para fazer e pode garantir que realmente sente prazer nessas coisas com as quais resolveu se envolver, tanto mais significado aquele trabalho vai ter. Lembre-se de que ser mãe é como fazer parte de um comitê em tempo integral! Você estará muito mais liberta de estresse se não estiver constantemente correndo para uma reunião de grupo, e seus filhos serão gratos pelo tempo extra que lhe sobra para estar disponível só para eles.

4
AJUDE A TIRAR
AS AMIGAS DA FOSSA

❦ ❦ ❦

Sabe aqueles dias em que você quer apenas externar o que lhe passa pela cabeça sem que ninguém a questione? Ou citar de um jeito errado um fato e não ser corrigida? Talvez você não esteja se sentindo bem e a última coisa que quer de uma boa amiga é que ela leve as coisas para o lado pessoal ou que tente convencê-la a deixar de se sentir do modo como está se sentindo. Não seria legal se você pudesse errar, ou dizer a coisa errada, ou se confundir, ou ser demasiadamente crítica e suas amigas simplesmente deixarem a coisa passar? Claro que seria legal se pudéssemos contar com nossas amigas para deixarem passar nossos vacilos de tempos em tempos, e nós com certeza deveríamos fazer o mesmo por elas.

Suponha que uma amiga lhe telefone e você perceba, pelo tom de sua voz, que ela está tendo um dia ruim. Talvez ela esteja à beira das lágrimas, ou talvez apenas estressada. Apesar da vontade de falar, esta claramente não é a hora de lembrá-la que "não se atrase" (como o fez das últimas duas vezes) na sua vez de apanhar as crianças para levá-las ao futebol. Nem é o momento de criticá-la, questioná-la ou cutucar as coisas de alguma forma. Agora não é hora de criar um caso, sugerir que ela está vendo as coisas de maneira errada, ou fazer quaisquer sugestões concretas.

Certamente, também não é uma boa idéia despejar sua própria miséria ou reclamar da vida.

Em vez disso, este é um dia para fazer vista grossa para os vacilos dela. Deixe que ela seja humana. Dê-lhe uma folga. Mesmo que, em virtude de seu baixo-astral, ela se sinta no direito de dizer algo de que você não gosta – e daí? Deixa pra lá! De fato, se você é realmente uma boa amiga, até pode considerar a idéia de alterar sua própria programação e dirigir para ela, naquela tarde. Talvez esta seja exatamente a pausa de que ela carece para poder resgatar seu equilíbrio. Se você é capaz de ser este tipo de amiga, pode estar certa de que será amada para sempre!

Amizades, especialmente as de suas amigas, devem ser prezadas. Quem é que ajuda você com as crianças quando você está gripada e seu marido precisa ir trabalhar? Para quem você apela quando está se sentindo na pior e necessita de um ombro para se apoiar ou para chorar? Quem é que ajuda você quando seu casamento desmorona ou acontece alguma catástrofe? Estas são algumas das razões para deixar passar os vacilos de suas amigas e não exigir delas padrões e expectativas impossíveis, especialmente se estão enfrentando um dia ruim.

Algumas vezes, nos tornamos tão íntimas de nossas amigas que fica fácil esquecer que elas são apenas humanas como nós. Elas vão ter momentos de depressão, incorrer em erros, dizer coisas erradas, ser exageradamente críticas, passíveis de maus julgamentos, discordar de algumas de suas opiniões, e assim por diante. Todos, até nossas amigas, podem ser, eventualmente, insensíveis, agressivos, podem necessitar de mais espaço, ou sentir que estão enlouquecendo! Os melhores amigos do mundo são aqueles que se lembram disso – aqueles que *aceitam* isto –, aqueles que amam seus amigos apesar de tudo. Os melhores amigos são aqueles que deixam passar os vacilos, aqueles que fazem concessões às imperfeições dos amigos.

Acima de tudo, lembre-se de que, se você tem um companheiro, marido, namorado, parceiro de uma vida inteira, ele é seu "melhor amigo". Portanto, vá em frente e deixe passar alguns de seus vacilos, também! Freqüentemente as pessoas com quem vivemos não recebem o que de melhor temos para dar. Ao contrário, recebem o pior! Saber acomodar as coisas, dar uma folga para deixar passar os vacilos fará maravilhas pela felicidade duradoura de sua vida conjugal.

Deixar passar os vacilos de seus amigos também vai contribuir, a longo prazo, para a redução de seu próprio estresse. Você se sentirá bem com você mesma ao saber que é capaz de aceitar as pessoas como sendo inteiramente humanas, mesmo que estejam longe da perfeição. Você também será amada, estimada e apreciada por estar disposta a amar seus amigos exatamente da forma como são.

5
MANDE O TÉDIO PARA O ESPAÇO

Há ocasiões na vida em que simplesmente trocamos uma compulsão por outra, em virtude da impaciência que associamos com o enfado. Tentamos preencher essa sensação de vazio, distraindo-nos com um sem-número de atividades insaciáveis. Você talvez tente achar satisfação com um parceiro sexual, ou vários. Suas sensações de vazio e impaciência podem fazer com que você se volte para compras compulsivas ou limpeza, trabalho, comida, o álcool ou o abuso de drogas.

Para a cura, é necessário reconhecer que o tédio é uma reação aprendida e uma forma de ansiedade que tem sua origem no nosso modo de pensar – pensar demais, para ser específica. Nossas mentes estão tão ocupadas e "cheias" que nos tornamos impacientes quando não ocorre ou não está ocorrendo algo "excitante" a que possamos aspirar.

A boa notícia é que, para qualquer coisa que nós tenhamos a habilidade de aprender, também teremos a mesma habilidade para desaprender. À medida que você começa a ver que o tédio não é nada mais do que um estado mental no qual se enfiou, e se acostumou, você pode usar isso como um barômetro para trazer sua atenção de volta ao presente. Em outras palavras, quando você se sente enfadada, em vez de entrar em pânico e agitar-se para preencher os sentimentos com uma atividade, você pode usar os sentimentos como uma oportunidade para liberar o que não serve e relaxar.

Observei que nossa tendência natural é a de procurar logo uma forma de nos distrair de nossa melancolia ou de quaisquer sentimentos de tédio. A título de experiência, confidenciei a umas poucas pessoas que eu estava me sentindo muito impaciente. Minha intenção era ver que tipo de conselho iriam me dar. De fato, não me surpreendi nem um pouco com os conselhos que recebi. Uma pessoa disse que eu deveria gastar mais tempo nas compras. Uma outra me aconselhou que eu me envolvesse num projeto de reforma doméstica. Disseram-me que talvez me fizesse bem ter mais um filho ou que deveria dedicar mais do meu tempo às atividades escolares.

Não me surpreendeu nem um pouco que a maioria das pessoas procurassem, de imediato, aumentar tanto os estímulos como as atividades, de modo a evitar, a todo custo, a ansiedade que associamos ao tédio. Ninguém disse: "Tudo bem, conviva com isso só um pouquinho." De fato, as pessoas a quem me dirigi ficaram nervosas só de tomar conhecimento de "meu tédio"!

Se você der um passo atrás, por um instante, vai ver como é interessante constatar que todas as pessoas vivem se queixando de estar sobrecarregadas e sem tempo. No entanto, a solução que encontram para a impaciência é, justamente, achar mais para fazer! É como um círculo vicioso interminável.

Como experiência, tente fazer algo diferente na próxima vez em que se sentir entediada ou impaciente. Em vez de sair imediatamente à procura de um meio de distração, conviva um pouco com o tédio. Observe que tipos de pensamentos você tem e faça com que sua atenção se volte para o momento presente.

Quando você está com tédio, sua atenção tende a se concentrar no passado ou no futuro – no que está faltando ou no que poderia ser melhor. Quando tenta fixar a atenção no presente, você começa a compreender que neste momento, e só nele, há vida. A vida verdadeira está aqui – neste instante. Tédio, por outro lado, não é nada mais que uma noção criada pelo homem, que tem raízes nos nossos hábitos, ao nos viciarmos na excitação e em atividades. É nossa mente pregando peças – tentando nos convencer de que a vida seria muito melhor, e mais gratificante, se, pelo menos, alguma coisa de diferente estivesse ocorrendo.

Sem perceber, ensinamos nossos filhos a se sentirem entediados quando preenchemos todos os minutos de suas vidas com atividades apressadas, excesso de estímulos, entretenimento contínuo e a escola. As crianças ficam tão acostumadas à mentalidade do "e o que vem a seguir", que se tornam entediadas se não houver alguma coisa "excitante" acontecendo ou a expectativa de algo a fazer. As escolas estão empurrando nossas crianças em direção a conceitos mais complicados, cada vez mais cedo. Com esta mentalidade, da "pressa rumo ao sucesso", alguns pais chegam a matricular crianças, que há pouco ainda engatinhavam, em escolas preparatórias para o jardim de infância! Não há mais tempo para as crianças serem simplesmente crianças. No lugar disso, decidimos coletivamente que a corrida rumo ao sucesso se tornou uma coisa muito mais importante. O medo latente é que, mais tarde, nossos filhos não estejam em condições de competir na vida, se não forem preparados desde a mais tenra idade. De fato, nos convencemos de que "algum dia" a vida deles vai ser muito boa.

Vejo essa questão de um modo bem diferente. Acredito que precisamos mostrar a nossos filhos qual é a importância de viver no momento – no aqui e agora – para que eles tenham oportunidade de aproveitar e apreciar a vida dia a dia. Ao prepará-los para serem capazes de se entreter, nós colaboramos para que sejam adolescentes amadurecidos e adultos que não vão ser simples caçadores de emoções ou "excito-viciados".

Ao espantar a melancolia, você se afasta do tédio e seus filhos vão se mirar no seu exemplo. Quando não estiver dopada pelo tédio, vai perceber que deslizou, temporariamente, para o passado ou o futuro, e que pode trazer sua atenção de volta ao presente. Você vai se sentir em paz ao saber que, neste momento, a vida já é maravilhosa. Não há nada que tenha de acrescentar para torná-la melhor.

6

PARE DE SE MEDIR
PELA RÉGUA DA MÍDIA

❦❦❦

Se você já não fez isso, é hora de subir ao palco e comemorar sua própria singularidade como mulher. Quando estamos infelizes com nós mesmas, geralmente é porque estamos preocupadas em nos comparar com outras. Uma das maiores culpadas pelo exagero dessa tendência é a mídia, que nos impõe padrões elevados, se não impossíveis, de atingir.

Quando você está se sentindo por baixo, por conta de sua aparência, é importante pôr de lado as revistas e ensaiar olhar-se no espelho para tomar conhecimento de todos os aspectos favoráveis pelos quais deve ser grata. É bom lembrar que as modelos e atrizes cujas aparências cobiçamos também são apenas pessoas. Certamente elas possuem atributos físicos incríveis que fazem delas nosso padrão de "beleza". No entanto, muito do que você vê é a versão computadorizada, escovada a ar, do que parece ser uma pessoa de verdade. Isto sem levar em consideração as muitas "ferramentas do ofício", que incluem próteses de seios, espartilhos e lipoaspiração.

Muitas dessas modelos de perfeição física precisam se utilizar de tais métodos radicais para moldar seus corpos. Como pode uma mulher normal, que vive de um orçamento e mal tem tempo para se maquiar de manhã – muito menos se exercitar – alcançar aqueles padrões? E quem vai querer ser retalhada e costurada apenas para agradar o ideal de beleza de outros? A verdade é muito simples: não podemos.

Pare de se comparar com as imagens fabricadas de acordo com a fantasia que a mídia procura impingir; em vez disso, procure ser o melhor possível a partir de seus atributos naturais. Cuide-se bem e você vai parecer tão bela quanto se sente, especialmente ao mirar-se no espelho com a atenção voltada para a direção certa. Tenha coragem de se olhar no espelho, e repare nas suas partes que são, inegavelmente, femininas e atraentes; festeje suas curvas e seus membros que são singulares em tamanho e formato. Finalmente, uma mulher que possua uma legítima autoconfiança acaba sendo a mais atraente do salão, porque sua beleza vem do interior, onde ela se sente bem consigo mesma.

7
ESCLAREÇA COM A PERGUNTA: QUER MINHA OPINIÃO OU DEVO APENAS OUVIR?

❦ ❦ ❦

Muitas vezes me esqueço de perguntar a meus amigos, marido ou filhas: "Está pedindo minha opinião, ou prefere que eu só escute?" Sempre achei que não é difícil dar conselhos, mas segui-los já é um assunto totalmente diferente. Seguir um conselho, ou mesmo ouvi-lo, quando não é o que você realmente quer, é quase impossível. Geralmente quando o conselho é oferecido (sem ter sido solicitado), ele é desprezado, se não for considerado ofensivo, porque tudo que a pessoa realmente quer é ser ouvida.

Prestar atenção ao que alguém, de quem você gosta, tem a dizer é um dos meios mais simples de demonstrar seu apreço por esta pessoa. Não se sentir ouvida é uma das principais queixas que as pessoas têm de todos os seus relacionamentos, especialmente com pessoas com quem vivemos. Muitas vezes estamos precisando apenas de um pequeno e saudável desabafo, um pouco de compaixão e compreensão. O que menos queremos é uma solução. Afinal, que presunção a nossa achar que temos a solução para o problema dos outros!

Ao fazer esta simples pergunta, antes de despejar seu conselho, você vai esclarecer e melhorar sua comunicação com as outras pessoas. Vai descobrir que, por vezes, seu amigo, parceiro ou filho *quer* mesmo sua opinião. O fato de ter feito a pergunta vai lembrá-los de que foram eles que pediram o conselho, e vai encorajá-los a ouvir com atenção. Sua tarefa passa a ser, é claro, a de sintonizar o assunto e dar-lhes o conselho mais construtivo que for possível. Reflita sobre o que serviria melhor ao interesse deles. O ideal é que você se posicione na questão de modo neutro e de mente aberta, pois o que vai dizer deve disparar, na outra pessoa, um processo de discernimento ou sabedoria. Este é o papel do conselheiro – ajudar alguém a achar a resposta para a questão ou traçar um plano de ação para resolver um problema.

Por exemplo, sua filha adolescente pode partilhar com você um problema que ela tem com uma de suas amigas na escola. Ela talvez só queira sua simpatia, mas você mergulha no problema de corpo inteiro e sai com um conselho do que ela deve dizer para a amiga e como deve tratá-la na próxima vez que o incidente acontecer. Sua filha fica logo irritada e tira você de sintonia. Se, em vez de sair de cara com um conselho, você tivesse começado (num tom de voz amoroso e não de preleção) com a pergunta "estou à sua disposição. Você quer apenas que eu ouça, ou quer uma opinião?", o mal-estar poderia ter sido evitado. Ao tentar esse tipo de aproximação, sua filha vai gostar de você estar levando a sério seus sentimentos e vai acabar pedindo seu conselho com muito mais freqüência. Mas quando ela não quiser nenhum conselho, você estará ajudando-a de qualquer forma – apenas com sua presença como boa ouvinte. Nestes casos, é tudo de que ela precisa e tudo o que ela quer. Você também se beneficiará porque não vai ter de se sentir frustrada pelo fato dela não estar seguindo seu conselho.

Há ocasiões em que, com certeza, nossas opiniões e conselhos se farão necessários. Em outras, no entanto, o que a pessoa necessita é justamente da capacidade da outra pessoa ser uma boa ouvinte. Uma das maneiras de determinar de que caso se trata é, simplesmente, fazer a pergunta: "Você quer meu conselho – ou prefere que eu apenas ouça?" Espero que você, assim como eu, considere esta estratégia bastante útil em todos os seus relacionamentos importantes.

8

FAÇA AS PAZES COM O MUNDANO

❦❦❦

Encaremos o fato: muito da vida é mundano. A vida é composta de milhares de "tempestades em copos d'água" diárias, que vêm e vão como as marés e justo quando você julga que tem tudo organizado e arrumado em seu lugar, o dia recomeça e você está de volta onde começou.

Parte de meu ritual diário é gastar uma hora todas as manhãs recolhendo as pilhas de coisas que todas deixaram para trás, na sua pressa de saírem porta afora. Com o passar dos anos, aprendi a gostar dessa "horinha" de minha rotina e pensar nela como sendo a limpeza do meu caminho do dia. Aceitei o fato de que, embora estas tarefas sejam mundanas, elas me dão a oportunidade de meditar, à minha maneira, enquanto dou conta das banalidades. É importante para mim manter a ordem em nosso lar; acho mais fácil conservar minha ordem interna quando as coisas estão arrumadas externamente.

Certa vez numa lavanderia automática, encontrei um senhor idoso. O ciclo de lavagem de sua roupa estava acabando e ele sorria em silenciosa contemplação. Não resisti e puxei conversa, já que achei fascinante ver um senhor tão distinto lavando sua roupa e tendo tanto prazer naquilo. Comentei com ele como achava bonito vê-lo sorrindo enquanto dobrava as roupas. Ele respondeu, dizendo-me: "Sabe, eu acho dobrar roupas uma espécie de meditação zen. Encontro grande conforto nesta tarefa simples que não requer concentração mental; ajudou-me a manter-me durante alguns maus momentos que passei na vida militar." Vejam só – uma perspectiva inteiramente nova para a lavagem de roupa!

Da próxima vez que se sentir sufocada pela natureza repetitiva de manter sua casa em ordem, veja se pode achar algum consolo em fazer o rotineiro. Se puder ver isso como a limpeza de seu caminho para o dia, você fará as pazes com o mundano e isto será menos uma batalha mental a travar.

9
MERGULHE NA SUJEIRA

🍂🍂🍂

Eu sabia que o título desta colocação estratégica a deixaria encafifada! (Tudo bem, agora afaste os pensamentos sujos, pois eu tinha um significado mais literal em mente.) Abandone um pouco aquele seu ar de arrumadinha, limpinha, certinha e mergulhe de vez em quando na sujeira, na sujeira de fato; isto vai lhe fazer bem! Mexa com a terra do jardim sem usar luvas, dê uma corrida na chuva e chapinhe cada poça d'água que encontrar, ou dê uma caminhada para sentir o vento nos cabelos.

Eu tento mergulhar na sujeira quase que diariamente. Quer seja na minha corrida matinal ou arrancando tiriricas do jardim ou escovando meu cavalo e cavalgando nele, eu consigo acumular bastante sujeira debaixo das unhas. Afinal, em cada garota existe um pouco de garoto, e isto nos sugere viver de forma descuidada por alguns momentos cada dia, como fazíamos quando éramos crianças. Nós não nos preocupávamos com maquiagem, tampouco em usar luvas para proteger nossas mãos. Nosso objetivo era apenas brincar!

Mergulhar na sujeira nos recorda viver e gozar a vida e descarregar nossa energia na natureza. É inacreditavelmente educativo gastar tanto tempo quanto possível do lado de fora da casa. Esta é a razão por que a jardinagem é tão gratificante. Todo outono eu planto bulbos e, no verão, cultivo girassóis. Eu não uso luvas protetoras, para que possa sentir a sujeira. Acompanho com ansiedade todo o processo de escolher os bulbos no viveiro de plantas de meu fornecedor local, juntar os suprimentos de que preciso, cavar cada buraco e, finalmente, observar as flores brotarem na primavera e no verão. Cada variedade traz consigo lembranças especiais, na medida em que iniciei este ritual quando minhas filhas estavam começando a andar. Lembro-me dos grandes narcisos amarelos e dos narcisos brancos que plantei com Jazzy em uma sementeira quando ela estava com dois, três e quatro anos de idade. Ainda posso ver Kenna cavando os buracos perfeitos para a variedade que cresce ao longo do caminho que leva à nossa porta da frente.

Depois da primeira noitada das meninas com suas colegas de escola, eu as surpreendi no café da manhã quando me atrapalhei com seus waffles de morango com chantilly e acabei esguichando o creme em seus narizes e rostos. Elas se deliciaram, é claro, e ficaram um pouco surpresas com a bagunça que eu estava aprontando. Encarei tudo aquilo da seguinte forma: depois de ter passado a maior parte da noite acordada devido ao falatório delas, eu tinha me dado o direito de me divertir um pouco! (Acertei primeiro naquelas que tinham ficado acordadas mais tempo.)

As crianças não costumam se incomodar com a sujeira e nós também não o deveríamos. Deleite-se com a natureza, abasteça seu espírito com um pouco de sujeira de vez em quando. Lembre-se de que você pode sempre lavar a sujeira e que ficar limpo nunca lhe permitiu sentir-se tão bem!

10
NÃO SE ENROLE COM AS IRMÃS TERIA, PODERIA E DEVERIA

🍂 🍂 🍂

Este estratagema serve como mais um lembrete de que devemos concentrar nossa atenção no momento atual. Ele nos estimula a dar uma olhada numa dinâmica mental que não é nada mais do que o hábito do arrependimento. Richard e eu, certa vez, ouvimos alguém contar uma história sobre como "Teria, Poderia e Deveria" podem dominá-la antes que você o perceba. Costumamos focalizar mais no que poderia ter sido do que no que é, afastando-nas, portanto, do sentimento de gratidão pelo momento atual.

Não importa o que ela acabou de experimentar, irmã Deveria tem o hábito de comentar como deveria ter feito algo de forma diferente. Outro dia, sua irmã Poderia elogiou o vestido que ela estava usando. Poderia disse a Deveria que azul era uma bonita cor. Deveria sempre responde da mesma maneira: "Ah, sim, é bonita mas eu realmente deveria ter escolhido o vestido cor de alfazema ou fúcsia." Então ela insiste naquele assunto por algum tempo. Agora, Teria se envolve na conversa e concorda com a irmã, dizendo: "Ah, sim, querida, você realmente teria feito melhor escolhendo o vestido alfazema." Em seguida, a irmã Poderia concorda que, se a escolha recaísse sobre o vestido alfazema, ela poderia ter um vestido mais adequado tanto para um chá como para um almoço mais formal. Afinal, o vestido azul é adequado apenas para um chá.

Muito provavelmente você já percebeu aonde quero chegar com isso. Tente fazer uma observação mental da freqüência com que você faz afirmações como essas: "Eu deveria ter feito assim; eu teria feito assado; se as coisas fossem diferentes, eu poderia ter escolhido fazer isso." Esta mentalidade revela uma falta de aceitação e compreensão das escolhas que fazemos. Freqüentemente, quando uma situação se desdobra de um modo que não vai de encontro às nossas expectativas, vemos as coisas de modo diferente do que havíamos visto durante o processo decisório.

No lugar de repisar no que deveria, teria ou poderia ter sido feito, uma conclusão melhor seria dizer: o que aprendi desta experiência é que da próxima vez que me encontrar diante de uma situação de circunstância e opções similares, farei as coisas de modo diferente. Mas, no momento, vou lidar com as coisas do modo como são.

Questionar-se pode ser uma parte saudável do processo de crescimento. Afinal, tomamos milhares de decisões que nos afetam e afetam àqueles que se encontram diariamente à nossa volta. Ao surgir uma oportunidade em que existe um leque similar de circunstâncias, você poderá fazer uma escolha diferente da que fez anteriormente. Mas quando lastima suas escolhas e fica insistindo nelas, você não está necessariamente crescendo, mas sim desejando que as coisas tivessem sido diferentes do que elas realmente são. Certamente, existem ocasiões em que sabemos que poderíamos ter feito as coisas de outro modo, mas em vez de ficar remexendo no passado, que não podemos mudar, simplesmente precisamos perceber que aprendemos algo de novo, tentando aproveitá-lo numa oportunidade futura.

Portanto, da próxima vez que se apanhar remoendo suas opções passadas, veja a tolice que está cometendo e não se enrole, viu, menina! Lembre-se de que "Teria, Deveria e Poderia" não valem para muita coisa. Então, empenhe seus melhores esforços dando um passo de cada vez. Aprenda com os erros que cometeu e, da próxima vez, faça uma escolha diferente.

11
MEXER A PANELA, SÓ SE FOR PARA FAZER O JANTAR

🌶 🌶 🌶

Uma pessoa que "mexe panelas" para preparar algo que não seja uma sopa deliciosa é alguém que traz à tona assuntos que já foram discutidos, resolvidos ou estão prestes a serem solucionados. Ela quer alimentar o fogo emocional e mantê-lo queimando pela excitação do conflito, muito além do ponto em que pode representar ajuda. Mexedoras de panelas podem ser sutis, freqüentemente parecem até ser amigas "prestativas" ou ouvintes "atenciosas".

Aqui vai um exemplo. Sua amiga Joyce vem a você com um problema: ela descobriu que o marido a está traindo. Está transtornada e é compreensível que necessite de consolo. Então, naturalmente, você se propõe a ouvi-la. À medida que o tempo vai passando, vocês conversam muito sobre o marido dela e seu caráter duvidoso. Então, meses depois, Joyce e o marido, Bruce, passam a freqüentar uma terapia de casais para tentar reconstruir seu casamento e a confiança de Joyce. Um fato curioso acontece: um dia você encontra Joyce e ela está sorrindo. Você lhe pergunta como estão indo as coisas entre ela e Bruce. Ela responde que as coisas estão melhorando. E, você, então, diz: "Como você consegue confiar nele quando ele sai de casa?" Ao fazer esta pergunta, você cruza a linha de amiga que dá apoio e passa a ser uma incrível mexedora de panelas emocionais.

Mexer panelas pode também se apresentar de formas muito mais sutis. Não é apenas remexendo os assuntos profundos, tais como infidelidade. Acontece toda vez que cutucamos alguém a ponto de fazê-lo cair na armadilha de um assunto que já está se encaminhando para uma solução saudável. É como se estivéssemos dizendo: "Não deixe o assunto escapar! Por que vai querer fazer isso? Isto é muito divertido!"

Você acaba de deixar para lá um pequeno conflito com seu vizinho quando um outro vizinho continua a enfatizar como o primeiro é uma pessoa inconveniente, forçando você a compartilhar de sua irritação. O mesmo se aplica ao trabalho. Uma colega de trabalho não é capaz de parar de lembrar que era você, não a Gail, quem realmente merecia o crédito por aquela grande idéia. Toda vez que ela diz isso, seu estômago se contrai e sua ferida se abre novamente.

O truque está em ser capaz de reconhecer uma exímia mexedora de panelas e, também, reservar sua própria capacidade de mexer panelas para fazer o jantar. Quando uma outra pessoa está mexendo a sua panela, encare isso como um hábito que não pode prejudicá-la, salvo se você entabolar conversa neste sentido ou, de alguma forma, incentivar tal conversa. Uma maneira simples de cortar o papo é lembrar que você já arquivou o assunto, e dizer isso à outra pessoa.

Não há dúvida de que a tentação de mexer a panela está lá, presente. De fato, devo admitir ter mexido algumas panelas que não tinham nada a ver com o jantar. Mas, finalmente, o remexer de panelas não constitui o maior interesse de ninguém. Provoca ansiedade, apreensão e estresse desnecessários. Portanto, recorde-se de que mexer a panela é contraproducente para sua própria paz de espírito e para encerrar os assuntos. É como deixar o jantar cozinhar demais – tudo que você sai ganhando é um jantar queimado!

12

FALE COM AMOR

❦❦❦

Você é uma daquelas almas eternamente pacientes que nunca se descontrolam, nunca entram em erupção como um vulcão? Você sempre fala com seus filhos, marido e amigos lá do fundo calmo e amoroso do seu coração? Se você respondeu sim a estas perguntas, passe ao próximo capítulo. Caso contrário, continue a ler.

A chave para falar com amor é primeiramente localizar e honrar seu amor e então poder identificar quando não está agindo imbuída deste sentimento. Quando está em contato com seu coração, você sente uma ligação com as outras pessoas e tem acesso à sua sabedoria. Você pode discutir quaisquer sentimentos quando envolta pela atmosfera deste nicho amoroso, que é sossegado e transpira paz, compaixão e compreensão. É aquele lugar dentro de você que se enche de lágrimas de alegria quando observa uma criança brincando inocentemente. É onde você verdadeiramente sente suas emoções. Por outro lado, discussões sobre coisas pequenas (como quem vai pôr a lata de lixo para fora), quando você não está conectada ao seu coração, podem ser, muitas vezes, problemáticas e estressantes.

Por que, então, torna-se tão difícil para nós, eventualmente, sintonizar esta parte mais magnífica de quem somos – nosso amor – e, então, manifestarmo-nos a partir das emoções que de lá nos são irradiadas? Nossos egos, emoções e hábitos de reagir e de exagerar na reação nos impedem de falar com amor.

Passa a ser um desafio ainda maior falar com amor quando se está zangada. Antes de proferir qualquer palavra, consulte seus sentimentos de ira. Eles podem significar seu melhor lembrete para que entre, primeiramente, em contato com seu coração. Preste atenção a seus sentimentos. Esteja atenta à sua parte que quer vociferar, dar gritos e berros! Isto é, claramente, um aviso para que prenda a respiração e procure se acalmar; você não está no seu espaço-coração; está se preparando para falar imbuída de raiva.

Não é, no fim de tudo, o que você diz, mas o sentimento que permeia sua fala é que passa a ser o mais importante. As mesmas palavras podem ter um tom bem diferente dependendo do lugar interno de onde partem e dos seus sentimentos no momento em que você as pronuncia. Por exemplo, a afirmação "eu preciso falar com você" poderia ser, para um casal, o recomeço de algo ou o fim de um relacionamento, dependendo de como esta mensagem é transmitida.

Meus melhores exemplos provêm de minha comunicação com minhas filhas. É especialmente difícil lembrar de falar com amor quando pisam nos meus calos. A profundidade dos sentimentos que tenho por minhas filhas equivale a de um poço sem fundo de amor que vai até a medula. Este poço profundo é o que devo consultar antes de falar. Tal como eu tiraria água de um poço material, eu tento trazer minhas palavras daquele poço de amor, mesmo quando estou zangada ou cansada. Conforme escolho as palavras, posso precisar de uma pausa antes de falar. Eu deveria perguntar a mim mesma: "Estou prestes a falar a partir do meu amor ou da minha raiva?" Se a resposta for que estou prestes a falar partindo de minha raiva, é melhor me acalmar e dizer às minhas filhas que não estou no espaço certo para falar com elas neste momento. (Além do mais, que sofram um pouquinho, o que não lhes fará mal algum, enquanto aguardam minha volta.)

Mesmo sabendo disso, por vezes ainda perco as estribeiras num ataque puramente intempestivo, e digo coisas que não são nada amorosas e das quais vou me arrepender mais tarde. Nestas ocasiões, eu simplesmente não me lembrei, ou não tive um tempo para localizar meus sentimentos de amor antes de falar. Se me esqueci e acabo falando a partir de um lugar de zanga ou frustração, minhas palavras, de certa maneira, se perdem – portanto, não é surpresa alguma que elas não ouçam uma palavra sequer do que eu digo.

Eu me sinto maravilhosa quando falo com amor, visto que estou honrando o que de fato se encontra no fundo do meu coração, desembaraçado e desanuviado de meu ego. Eu também estou honrando, com o mais profundo nível de compreensão, a pessoa a quem me dirijo. Falar para qualquer um imbuída deste sentimento é a maior ajuda que se pode prestar (exceto, talvez, aprender a ouvir a partir de seu amor). Portanto, da próxima vez que estiver em conflito, lembre-se de falar a partir de seu amor.

13
OUÇA COM AMOR

Conforme concluímos no capítulo anterior, seu amor está localizado no seu coração. Prestando atenção para que a forma não seja defensiva, é deste lugar que devíamos não só falar, como também ouvir, o que nos é dito. Mas quando não se está em contato com o coração, mas com o ego, aquilo que é dito pelos outros pode afetar você de modo negativo. As palavras que ouve ficam arraigadas às suas reações emocionais de insegurança, raiva, ressentimento e depressão. À medida que vai aprendendo a ouvir com o coração, você passa a distinguir a verdade ou a inverdade contida no que lhe é dito, numa ligação direta entre o coração e o espírito.

Quando duas pessoas engrenam uma comunicação saudável a partir de seus corações, chamamos a isto de "conversa franca". Ambas mantêm seus canais de comunicação abertos no nível dos corações e se empenham, não importa o que for dito, em permanecer afastadas de seus egos. Esta é a mais rica e gratificante forma de comunicação, mas o passo definitivo para o sucesso de uma "conversa franca" é dado quando aprendem a ouvir com amor. Se permitir que o ego a domine, você assume uma postura defensiva e passa a reagir – é o fim da "conversa franca".

Eu me lembro de que, muitos anos atrás, num momento de potencialidade e possibilidade crucial no nosso relacionamento,

Richard e eu nos detivemos numa "conversa franca". Olhando retrospectivamente, achei bom que aquela conversa tivesse se transformado na "conversa franca" que foi, principalmente porque não foi planejada para que assim fosse. Richard abordou, muito frustrado, várias questões de nossa vida conjugal. Embora eu tivesse ficado surpresa de que ele estivesse sentindo aquelas coisas, uma voz pequenina dentro de mim me alertou de que o que ele mais queria naquele momento era ser ouvido e que era melhor eu prestar atenção. Felizmente, naquele momento eu me lembrei de meu amor por ele e fui capaz de ouvir suas palavras sem interferência de meu ego. Eu o ouvi a partir do meu amor, e ele se acalmou uma vez que se sentiu ouvido. Porque ele se sentiu ouvido pelo meu coração, ele também renovou seus votos de amor por mim. Eu enxerguei algumas verdades no que ele disse (pelo menos 50 por cento) e fomos capazes de discutir, de cabeça fria e sem atitudes defensivas, os assuntos levantados por ele.

Uma coisa mágica sempre acontece quando duas pessoas se comunicam a partir de seus corações. As próprias questões que estavam causando um distanciamento emocional acabam por aproximar mais o casal e, com isso, criar uma intimidade mais profunda. Este é o caso quando uma situação conflituosa se torna saudável.

Quando você trabalha fora, fica difícil escutar com os ouvidos do coração. Muito provavelmente vai se sentir uma mosca-morta ao tentar ouvir as coisas desta maneira no ambiente de trabalho. Mas, muito pelo contrário, quando escuta com o coração, e não com o ego, sua sabedoria aflora e também gera um melhor entendimento. Os limites que você define com as pessoas terão um impacto muito maior se partirem do lugar certo. E, convenhamos, no local de trabalho há bastante espaço para que o ego de certas pessoas possa ceder passagem! A comunicação com base no ego fica muito direcionada para situações de conflito e é pouco produtiva.

Da próxima vez que você se encontrar numa situação conflituosa, ensaie falar a partir do coração e não se esqueça de ouvir a partir do mesmo lugar. Ponha de lado seu ego e tenha uma "conversa franca". Desta maneira, você vai se afastar, com sentimentos positivos, do que poderia ter se transformado numa situação dolorosa.

14

MIRE-SE
NO ESPELHO

❦ ❦ ❦

Quando você pensa a respeito disso, não é mais fácil ver os defeitos e pontos fracos dos outros do que ver seus próprios? No entanto, temos um mecanismo interno que pode indicar a direção certa quando estamos tentando localizar nossos próprios erros.

Uma apresentadora de um programa de entrevistas, uma amiga ou uma irmã age de uma maneira que costuma irritá-la? Ou talvez o modo como ela se comporta a incomode ou você não goste de sua atitude perfeccionista ou de qualquer outra característica específica de personalidade. É provável que essas características sejam as que você não suporta em você mesma. É necessário muita coragem e introspeção para mirar-se no espelho com o firme propósito de dar uma espiada em seu interior, na medida em que somos peritas em escamotear as partes de nossa vida que nos parecem muito dolorosas para serem reconhecidas.

Digamos que você esteja tendo uma conversa com sua melhor amiga. Você começa por desqualificar uma terceira pessoa, conhecida das duas, por suas tendências quase maníacas de fazer compras e sua personalidade ostentosa. Você a vê toda vez que vai às compras, logo ela deve estar fazendo compras com muito mais freqüência do que você. (Neste momento sua amiga esta pensando: "Eu não acho isso.") Mais tarde, quando seu marido se apavora diante de mais uma conta debitada no cartão de crédito, e que ultrapassa a capacidade financeira dos dois, você tenta se convencer de que tem mais controle sobre as compras do que a conhecida de quem fez pouco. Essa é a hora de dar uma boa olhada no espelho.

É impossível enxergar deslize em alguém salvo se você também tiver essa característica. Não há uma pessoa em sua vida que não esteja lá para ensiná-la algo a seu próprio respeito. Assim, agimos como um reflexo constante uns dos outros e, ironicamente, quanto mais você rechaça algo que vê em outra pessoa, tanto mais necessita de se aprofundar no seu interior para achar a mesma característica. Pode estar encoberta, mas está lá. Isto faz parte do processo de amadurecimento; uma vez que toma conhecimento dele, você pode fazer uma mudança e se livrar da característica irritante!

É comum apontar nas outras pessoas o que não gostamos nelas antes de dar uma boa olhada no espelho e admitir que vemos esses mesmos defeitos em nós mesmos. No entanto, não vamos nos esquecer do fato de que nem tudo está perdido; o contrário também é verdadeiro. Quando reconhece em outra pessoa qualidades superiores de compaixão, sensibilidade, honestidade ou integridade, muito provavelmente você partilha dessas características e valores.

A verdade é que nenhum de nós tem "tudo" junto – é sempre muito mais fácil ver as inseguranças e fraquezas dos outros do que admiti-las em nós mesmos. Ao aceitar o desafio de dar uma olhada no espelho e se ver com a visão clara que seus pensamentos sobre os outros lhe podem proporcionar, você vai se tornar uma pessoa mais tolerante e com capacidade de perdoar. Melhor ainda, se o crescimento pessoal e a perspectiva são coisas que você valoriza, então vai atingir novos níveis de consciência e o que vai ver no espelho será o reflexo da compreensão e do amor que tem para com você mesma e para com os outros. Não existe pessoa perfeita neste planeta. Um de meus dizeres favoritos é que somos todos perfeitos em nossa imperfeição, exatamente do jeito que somos.

15

ADAPTE-SE
ÀS REVIRAVOLTAS

❦❦❦

Embora possa ser verdade que somos capazes de planejar cada aspecto de nossas vidas, às vezes o destino nos prega uma peça com a qual não contávamos. De vez em quando a vida pode ser bastante imprevisível; em certos momentos pode parecer que você está pilotando um avião apenas pelo que seus sentidos lhe transmitem, com pouco, ou quase nenhum, controle sobre o modo como certos acontecimentos vão se desenrolar. E, algumas vezes ainda, o que, à primeira vista, se apresenta como uma coisa negativa pode se revelar, mais tarde, como o caminho das pedras que conduz ao sucesso.

É comum ouvirmos uma história de sucesso que começa assim: "Foi por pura sorte que esbarrei neste negócio." Tendo isso em mente, se olhar a vida como um campo de aprendizagem, com um pouco de aventura ao longo do caminho e se acreditar que no fim as coisas vão dar certo, você vai enxergar os meandros e as curvas tortuosas de sua biografia pessoal como parte do que lhe está reservado no plano maior da vida.

Ao ver os meandros e curvas – aquelas circunstâncias e acontecimentos surpreendentes que ocorrem por uma razão da qual você ainda não está consciente – você vai perceber que tudo o que lhe acontece faz parte de um plano perfeito, elaborado especialmente para sua vida pessoal, o caminho que leva à beatitude. Contudo, você nem sempre pode ver com clareza qual é o propósito destes acontecimentos não planejados e, aparentemente, inoportunos. Suas escolhas se reduzem a condenar-se à melancolia e à angústia da dúvida ou seguir em frente e manter uma atitude otimista de que, a partir de agora, as coisas só podem melhorar. Em vez de olhar para trás ou para a frente, antecipando o pior, mantenha sua atenção voltada para o aqui e agora, de modo a estar receptiva a quaisquer oportunidades que se apresentem.

Ao repassar minha vida, constato terem existido muitas curvas e meandros que, vejo agora, resultaram para melhor. Por exemplo, quando eu morava no dormitório em Pepperdine [uma universidade em Malibu, na Califórnia], irrompeu um incêndio no nosso andar. Ninguém ficou ferido, mas eu e as outras sete colegas de quarto perdemos tudo que havíamos trazido para a escola, que, na época, era tudo o que eu possuía. Enquanto algumas de minhas amigas ficaram inteiramente transtornadas, eu, por estranho que pareça, não me senti assim. Achava que tudo iria se resolver numa boa, apesar de estar vestida com a única roupa que me havia sobrado e minha conta bancária acusar um saldo de apenas 127 dólares. Ainda por cima, eu enfrentaria as provas finais dentro de três semanas!

A título de curiosidade, quando telefonei para casa para contar a meus pais sobre o incêndio, meu pai compartilhou comigo um outro meandro: ele acabara de perder o emprego. Certamente não parecia ser uma boa hora, mas, como a coisa se desenrolou, o prêmio do seguro cobriu a despesa de reposição da maioria dos itens arrolados e boa parte deste seguro destinou-se ao pagamento da anuidade seguinte. Se aquele incêndio não tivesse acontecido, eu teria desistido da faculdade e voltado a morar com meus pais por falta de verba para continuar estudando.

Você nunca sabe quando vai perder o emprego, romper com o namorado, não chegar a tempo para pegar aquele vôo, ou o que está realmente reservado para você. Você pode bem estar no ápice de uma carreira ou enfrentando a troca de emprego que vai modificar seu futuro financeiro ou pode ser que encontre sua alma gêmea. Faz parte da aventura da vida nem sempre saber o que vai acontecer a seguir, e a parte seguinte pode ser maior e melhor do que o planejado originalmente. A chave para desfrutar a jornada é estar aberta para o desconhecido.

16
TENHA UMA AMIGA DO PEITO

Esta estratégia me chamou a atenção, pela primeira vez, durante a Semana de Conscientização do Câncer de Mama, e posso afirmar, em primeira mão, que ela funciona! É, por vezes, difícil seguir as ordens do médico e, nesse caso, ter uma amiga do peito pode ser de grande valia em termos de motivação para que aceitemos nos submeter aos exames que nenhuma de nós morre de vontade de fazer.

Meu médico me pediu, há dois anos, que fizesse uma mamografia. Eu fiz isso? Não. No ano passado ele voltou a pedir que eu fizesse o mesmo tipo de exame e eu, outra vez, coloquei o assunto em compasso de espera. Recentemente, uma amiga muito querida me telefonou para dizer que tinha constatado a existência de um nódulo no seio e precisava fazer uma mamografia. Bem, eu tinha a intenção de me oferecer para acompanhá-la, portanto telefonei para o consultório e pedi que marcassem uma hora. Expliquei que eu tinha que entrar junto com ela porque ela era minha amiga do peito. A recepcionista adorou isso e deu um jeito para que eu pudesse entrar junto.

Quando peguei minha amiga, nós estávamos um pouco nervosas. Você ouve todas essas histórias assustadoras e, francamente, nós duas fazíamos conjecturas se nossos seios tinham tecido suficiente para ser examinado. Bem, deixe que lhe conte: não se esqueça de olhar para baixo enquanto achatam seus seios como panquecas. Isto me deu uma perspectiva inteiramente nova da modesta mão cheia que eu tenho!

De qualquer modo, me despi e me submeti aos exames primeiro, para facilitar as coisas para minha amiga. Ela ficou admirada e quis saber por que podia me ouvir rir do outro quarto. Levou cerca de cinco minutos para que nós duas fôssemos examinadas e não doeu nem um pouco. Melhor ainda, minha amiga descobriu que o nódulo não era nada mais do que uma massa normal de tecido; sem dúvida uma boa razão para comemorar! Fomos a um restaurante para um belo almoço e, enquanto ríamos de nossa experiência, minha amiga me disse que eu sabia como fazer uma coisa incômoda ser fonte de divertimento.

Portanto, marque uma hora com sua melhor amiga para fazerem, juntas, aquelas mamografias anuais. É uma boa maneira de se submeter a um exame potencialmente desagradável e serve para que se apóiem mutuamente no que pode ser um momento estressante.

17
CONSTRUA RECORDAÇÕES PARA *SEUS* FILHOS

❦ ❦ ❦

A vida é preenchida com muitas coisas a fazer. Podemos nos perder na tarefa de viver o dia-a-dia e chegar apenas aqui ou acolá. Parece que nossos filhos estão perdendo a infância rápido demais devido aos nossos esforços em equipá-los para dar conta das exigências de um mundo atribulado.

Uma estratégia que me ajuda a diminuir o ritmo é pensar em termos de construir recordações para minhas filhas. Você se ajuda ao indagar, com freqüência: "Como quero que minhas meninas se recordem de sua infância e, afinal de contas, o que realmente quero para elas?"

Quer você seja uma mãe que trabalhe fora, uma mãe do lar, ou ambas, freqüentemente cabe à "mãe da casa" a tarefa de trazer para o lar o ritual e a tradição. As festas são boas ocasiões para construir tais recordações.

Na nossa família, a época de Natal é, de longe, a mais especial e mais cheia de tradição. Foi assim também na casa de meus pais, onde cresci. Tenho gratas lembranças da missa da meianoite, entoando cantos de Natal em frente às casas das pessoas mais velhas, confeitando biscoitos e enfeitando a árvore. Outras famílias têm tradições especiais a esta época do ano, como o

Kwanzaa [afro-americano] e Chanucá. Não importa qual seja sua religião ou formação, procure recriar as tradições seguidas por seus pais para dar continuidade a estes preciosos valores e recordações; não é realmente o que você faz, mas a forma de fazê-lo em conjunto, como uma família.

Todo ano nossa família vai a um viveiro de pinheiros natalinos e escolhemos nossa árvore. Nós a trazemos para casa, colocamos CDs de músicas natalinas e ornamentamos a árvore com diversos enfeites enquanto bebemos chocolate quente. Passamos o dia de Natal com primos e avós.

Independente das festas, pense nas coisas simples para fazer com a família nos fins de semana. Caminhadas não custam nada e explorar os bosques a pé rende bons contatos com a natureza. Minhas filhas adoram levar um saco e apanham coisas enquanto caminham. Então, quando elas voltam para casa criam projetos artísticos, fazendo colagens. Nós fazemos a mesma coisa na primavera quando damos pequenas caminhadas para ver, depois da chuva, a saída dos filhotes de lagartos ou saímos à procura de flores silvestres.

A próxima vez que seus filhos entrarem pela casa adentro com sapatos enlameados e roupas sujas, antes de ficar de mau humor com o trabalho adicional que eles acabaram de dar para você, pense no quanto se divertiram para ficar daquele jeito. Roupas e sapatos são substituíveis, as lembranças não.

"Noite de jogos" também é muito divertido. Jogue Monopólio, Pesca, Yam ou dominó, com seus filhos. Não há nada que as crianças amem mais do que se sentar ao redor de uma lareira para se entreter com um jogo ou ler uma história. Acho que as crianças se lembram do "espírito" da atividade tanto quanto, ou até mais do que, da atividade propriamente dita. Logo, divirta-se, seja entusiasta e construa boas lembranças como família.

À medida que seus filhos forem crescendo, encontre uma maneira de registrar os bons momentos. Álbuns de recortes funcionam como uma válvula de escape maravilhosamente criativa e ajudam seus filhos a se lembrar daqueles eventos que foram registrados.

A infância é passageira e nós só temos uma oportunidade de viver este momento. Se você construir recordações para seus filhos, vai obter satisfação e prazer em saber que está dando, para eles, algo precioso e de inestimável valor.

18

SEJA REFLEXIVA

❦❦❦

Ser uma pessoa reflexiva é ser espiritualmente rica. É reconhecer que há espaço para crescimento e mudanças em nossas vidas e que há algo a ser obtido de todas as nossas experiências. A mente reflexiva vê as possibilidades da vida e procura por novos significados e caminhos para fazer coisas – especialmente quando algo não está acontecendo da maneira como estamos planejando. Eu gostaria de partilhar com você como é simples tornar-se mais reflexiva e como é possível encontrar soluções para problemas de um modo mais claro quando agimos assim.

O elemento-chave para ser mais reflexiva é aprender a sossegar a mente. Você pode fazer isso de diversas maneiras simples. Pense em extirpar o barulho e abrandar a tagarelice em sua cabeça. Isto pode acontecer por meio do silêncio que cerca o tempo que gastou sozinha fazendo exercícios, meditando, rezando, ou com qualquer atividade que resulte em um tempo dedicado ao seu silêncio. Assim que você abrir a mente reflexiva e se acalmar, as respostas, ou o crescimento pelo qual anseia, começarão a fluir.

O que você ganha ao se tornar uma pessoa mais reflexiva? Muito!

A pessoa reflexiva abre seu mundo interior e embarca na maior aventura que a vida pode oferecer – conhecer-se e compreender-se. A qualidade de ser reflexiva põe em funcionamento o dom da intuição feminina e é a pedra fundamental para o desenvolvimento pessoal. É excitante, fortalece o poder e libera, incrivelmente, a compreensão de que sua mente é dona do cadeado e da chave que dão acesso ao seu bem-estar e à saúde mental. Utilizando a reflexão pessoal, você pode se modificar para fazer de sua vida algo melhor e com isso influenciar, positivamente, todos os outros. Ser uma pessoa reflexiva vai ajudá-la em todos os combates nas arenas da vida, além de significar um atributo de grande humildade. Cada relacionamento que você tem se beneficia com sua habilidade em voltar atrás, e com sua coragem de examinar sua própria contribuição para seus problemas.

Tenho certeza de que você já ouviu dizer, se é que já não disse isso uma ou mais vezes: toda história tem pelo menos dois lados. Para uma pessoa que não se encontra num estado mental reflexivo, falta-lhe a capacidade de ver a sua contribuição para qualquer conflito. De fato, ela é mesmo uma pessoa difícil e, por essa razão, assim são seus relacionamentos. Ela não se abre para ouvir a verdade daquilo que você tem a lhe dizer, o que faz da comunicação um completo desperdício de tempo e energia.

É importante reservar uma parcela diária de tempo para reflexão. Isto pode ser obtido quando se gasta mais tempo sozinha, em sereno isolamento. Mesmo 15 minutos, em qualquer momento do dia, podem resultar em muita diferença.

Alimente sua mente reflexiva fazendo as perguntas certas nas horas em que sua mente está tranqüila. Seja humilde e pergunte a seu eu interior se existem visões interiores ou novos caminhos de ver coisas que possam contribuir para seu crescimento como pessoa ou tornar sua vida um pouco mais fácil ou mais eficaz. Meu palpite é que você vai ficar maravilhada com as portas que se abrirão e com as respostas que vai achar!

19

MANDE O ESTRESSE PARA O ESPAÇO

❦ ❦ ❦

Existem dias em que nos sentimos exaustas e estressadas. Eu gostaria de dividir com vocês algumas poucas idéias que me ajudam a lidar com isso e a parar de fazer tempestades em copo d'água. Espero que elas também possam ajudá-la, mesmo que apenas um pouco.

• Crie um ritual, de manhã ou à noitinha, para desfrutar de pelo menos dez minutos de tranqüilidade. Sente-se de modo confortável, com uma xícara de café ou chá na mão ou feche os olhos e ouça uma música que contribua para seu repouso. Melhor ainda, medite, reze ou apenas respire. Se tem filhos, levante-se um pouco mais cedo ou fique acordada depois que eles forem dormir. Isto vai lhe dar o descanso de que precisa e vai reduzir seu ritmo frenético.

• Depois de um bom banho quente, lave seus cabelos e enxágüe a cabeça em água fria. Esta é uma das coisas mais simples e refrescantes que você pode fazer para despertar sua energia. O contraste da água fria escorrendo pelo couro cabeludo com a água quente em que seu corpo está imerso é surpreendente. Não importa qual seja o grau de meu cansaço quando entro na banheira, fico sempre lépida ao sair do banho.

• Nos dias em que minhas filhas ficam atacadas e não se entendem, em vez de reagir à atitude delas com igual intensidade, eu lhes digo: "A mamãe vai dar um tempo!" Aí, eu faço exatamente isso. Eu me retiro, recomendando que não cheguem às vias de fato (coisa que nunca chegaram a fazer).

• Faça todos os dias algum tipo de exercício físico. Eu corro, faço caminhadas, alongamento, levantamento de pesos ou cavalgo. Mesmo quando estou apressada, com o tempo contado, procuro encaixar, na minha rotina diária, uma ou duas dessas atividades. Os benefícios físicos não só se tornam aparentes, como você vai passar a ter uma saúde mental insubstituível.

• De tempos em tempos, mergulhe num bom livro. Mesmo que seja apenas por vinte minutos antes de dormir, a leitura pode representar uma válvula de escape – e é certamente melhor, em termos de redução de estresse, do que o último noticiário da noite.

• Se você costuma ficar sentada diante do computador ou atrás de uma mesa ou escrivaninha, por muito tempo, seu pescoço e os músculos das costas podem ficar cansados e sujeitos a cãibras. Mais ou menos a cada hora, dê uma espreguiçada da seguinte maneira: levante-se, e, mantendo as pernas razoavelmente esticadas, vá se curvando lentamente até tocar os dedos dos pés com os das mãos. Depois, volte lentamente à posição original apontando para o céu. Repita o exercício.

• Leve em consideração que uma das causas que a levam a se sentir tão estressada é o desequilíbrio físico. Se seu sistema está intoxicado fica muito mais difícil sentir-se contente e feliz. Quando me sinto triste e infeliz, gosto de tomar o que chamo de um "porre de saúde", comendo frutas, verduras e tomando sucos bem frescos durante três dias pelo menos. Isto ajuda a interromper o ciclo de alguns hábitos alimentares nada saudáveis a que eu tenha aderido em caráter temporário e me faz atingir o equilíbrio que me aproxima da alimentação saudável.

Estas técnicas de relaxamento são muito simples, mas realmente funcionam bem. Exercitar uma ou duas técnicas por dia pode realmente representar uma diferença sensível em seus níveis de estresse. Sugiro que as experimente. Você vai descobrir que isso contribui muito para não fazer tempestades em copo d'água!

20

TALVEZ NÃO
SEJA PESSOAL

❦❦❦

Se há uma coisa que muitas mulheres têm em comum é a nossa sensibilidade natural. Faz parte dessa característica a tendência de interiorizar e atribuir significado e motivação ao comportamento e às ações de outros. Aqui vai uma sugestão: em vez de ceder imediatamente a uma reação, considere que, pelo menos durante parte do tempo, as coisas que acontecem realmente não têm nada a ver com você. Pode ser que você esteja confiando em sentimentos e pensamentos errôneos que deformam sua percepção, em vez de admitir para si mesma que o que está acontecendo talvez não seja nada pessoal. Deixe-me descrever alguns cenários que podem lhe parecer familiares.

Você a conheceu na escola que seus filhos freqüentam. Toda vez que a vê, ela não dá o menor sinal de reconhecimento. De fato, seu olhar parece atravessá-la, como se você fosse transparente. Você começa a se sentir sem graça e pensa: "Afinal, qual é o problema dela?" Você começa a ficar aborrecida, visto que ela parece se achar superior. Mas você levou em conta as possibilidades que poderiam explicar facilmente sua aparente frieza? Talvez ela seja míope. Talvez não olhe nos olhos porque não tem tempo para um papo social. Talvez tenha outras preocupações na cabeça.

Talvez esteja pensando o mesmo de você. Talvez não seja nada pessoal.

O maridão chega em casa meio deprimido. Ele esteve ocupado o dia todo, apagando incêndios, tentando acabar com os muitos conflitos no trabalho. Você também passou o dia na luta para resolver problemas e esperava uma acolhida calorosa. Em vez disso, ele se recolhe ao escritório, resmungando que não tem fome para jantar, que ainda tem muito trabalho por fazer. Que mais posso dizer? Que melhor do que estourar, e partir para um desagradável confronto, é levar em consideração a possibilidade de que talvez isso não seja pessoal. Ele simplesmente teve um dia muito ruim.

Levar as coisas para o lado pessoal só serve para provocar frustrações desnecessárias e deixar as outras pessoas desconcertadas com suas reações. O que fizemos foi anexar, temporariamente, nossa auto-estima às aparentes ações e motivações de outra pessoa.

É útil retroagirmos e observarmos o quadro maior. Precisamos estar imbuídas de um pouco mais de espírito de sobrevivência e de uma auto-estima de grau mais elevado. Precisamos perder o hábito de exagerar na reação por conta da rapidez de nossas suposições e julgamentos. Assim, da próxima vez que você se pegar aborrecida com uma pessoa ou situação, lembre-se de dizer para você mesma: "Talvez não seja pessoal – e daí se for?"

21

NÃO DEIXE QUE *SEUS FAMILIARES* FUJAM DO DEVER

❦❦❦

Minha amiga me telefonou, frustrada, dizendo que se sentia como um cavalo sem carroça! Gostaria que alguém de sua família, além dela, tomasse algum tipo de iniciativa e dividisse a responsabilidade das tarefas domésticas. Isto é uma solicitação justa, mas não é fácil de ser posta em prática. Ao mesmo tempo, você não vai querer ver ameaçada sua posição na hierarquia do lar, nem se sentir inferiorizada porque está pedindo ajuda. (Que besteira isso tudo. É lógico que você precisa de ajuda! Você está só – está em minoria!) Embora, se você se parece um pouco comigo, seja sempre mais fácil "fazer logo" do que ficar apoquentando outra pessoa.

O problema com essa mentalidade do tipo "faço tudo eu mesma" é que, à medida que seus filhos vão se tornando jovens adultos, eles não ficam mais arrumados e cuidadosos, e a bagunça deles não diminui – ela vai tomando as dimensões de uma família adulta. Mais importante, quando se faz tudo por eles, por trás dos panos e sem reconhecimento, você não os estimula a ter confiança em si mesmos, nem os está ensinando a ser responsáveis. Você não os está preparando para serem adultos. Eles terão que aprender a cuidar deles próprios antes de ser capazes, algum dia, de cuidar de outra pessoa.

Mesmo que, afortunadamente, você tenha condições de pagar uma faxineira uma vez por semana, recolher coisas diariamente é quase um imperativo para manter sua casa limpa e organizada. Sua melhor estratégia é juntar seu pessoal na próxima reunião de família e comunicar: "Mamãe está convocando vocês e quem tirar o corpo fora não vai ganhar roupas novas para ir para a escola ou qualquer coisa extra!"(em seguida defina o que entende por "extra"). Não é nenhuma ofensa deixar que seus filhos saibam o que é esperado deles. Posto isso, distribua as listas de tarefas explicando que vai haver uma rotatividade mensal para que todos tenham a oportunidade de adquirir experiência nos variados aspectos necessários para manter uma casa limpa. Para isso, você pode querer estipular uma mesada para seus filhos, embora, pessoalmente, eu ache que as crianças devam ganhar uma mesada para as coisas relacionadas ao seu divertimento e executar suas tarefas como uma contribuição aos lares em que moram.

Para que este tipo de recrutamento produza efeitos, você também deverá virar uma nova página. Terá de acabar com a filosofia do "apenas faça" e, em troca, adotar uma atitude do tipo "deixe isso exatamente onde está ou então jogue no lixo". Todavia, você deve estar preparada para aplicar as penalidades prometidas (sem roupas novas, sem extras) para o que não for cumprido. Lembre-se de que hábitos arraigados são difíceis de ser removidos. Conceda-se um mês ou um pouco mais, e todos se adaptarão. A bem da verdade, as crianças ficam até mais felizes quando sabem que estão contribuindo para o bem-estar da família. Portanto, ao recrutá-las para ajudar, você está lhes fazendo um favor.

22
NÃO CULTIVE A INVEJA

❦❦❦

Parece que a inveja é algo que a maioria de nós está propensa a sentir. Embora, de certa forma, a inveja possa ser uma emoção natural, também pode ser tão poderosa que a domine. A inveja pode facilmente fazer com que você fique obcecada por qualquer que seja o objeto de sua inveja. É uma sensação poderosa, capaz de nos levar a fazer e pensar coisas que normalmente não faríamos. Mas ao admitir que está em luta contra a inveja, você será capaz de libertar-se de suas garras.

Paula era uma editora de filmes muito competente que tinha sido indicada para um prêmio por seu trabalho em um documentário bem aceito. Seria de se esperar que Paula fosse uma pessoa muito autoconfiante mas, em vez disso, era extremamente invejosa das outras pessoas de seu ramo de atividade, até mesmo de seus amigos. Ela não conseguia parabenizar conhecidos por seus sucessos, mesmo que não estivesse concorrendo diretamente com eles.

Com o passar do tempo, uns poucos amigos mais íntimos, assim como algumas pessoas pelas quais Paula tinha muito respeito, deram-lhe a entender que ela tinha uma tendência a invejar os outros. Como costuma acontecer, a verdade foi dura de engolir, especialmente no princípio. Após um pouco de reflexão sincera, contudo, ela foi capaz de admitir que, de fato, costumava sofrer de ataques do "monstro de olhos roxos", nos momentos em que ficava roxa de inveja.

Ao ser honesta consigo mesma, Paula começou a compreender que seus receios e invejas a estavam bloqueando tanto pessoal como profissionalmente. Compreendeu que a inveja não só prejudicava sua imagem como, também, fazia com que ela se sentisse mal. Resolveu que, no futuro, faria um esforço real para evitar estes sentimentos. Levou bastante tempo, mas aos poucos Paula foi se tornando mais segura das suas próprias habilidades e passou a atribuir menos importância às suas comparações com os outros. O resultado foi que passou a sentir menos inveja e conseguiu até aprender a regozijar-se com os outros pelo sucesso deles.

A mentalidade de "equiparar-se à família Jones" é uma armadilha corriqueira que também começa pela inveja. Sua vizinha compra um carro novo, e logo seu carro fica parecendo um pouco mais velho. Você sente uma ponta de inveja. As perguntas importantes são: você reage àquela emoção com um desejo ardente de sair e comprar um carro novo, quer precise ou não, ou você pensa um tempo sobre o assunto? Você nada em sentimentos de comiseração porque não pode se dar a esse luxo ou fica contente por sua vizinha ter podido trocar de carro e dá o assunto por encerrado?

A inveja pode ser uma grande mestra, poupando-a de uma porção de frustrações quando tenta se equiparar aos outros. Afinal, sempre vai haver alguém que tem mais dinheiro, cabelo mais bonito, uma cozinha mais legal, que sobe mais rapidamente na carreira, etc. Se você aderir à inveja, vai ficar igual ao cachorro correndo atrás do rabo, incapaz de fazer progressos. No entanto, se estiver disposta a reconhecer seus sentimentos, você tomará suas decisões apoiada naquilo de que precisa e quer, por motivos pessoais de satisfação, e isto, a longo prazo, é muito mais gratificante.

Ser capaz de ficar feliz pelas boas qualidades e sorte dos outros pode ajudar você a se sentir mais em paz com você mesma. De fato, dizem que a capacidade de ficar contente com aquilo de bom que acontece aos outros é um sinal de saúde mental. Quando você pensa nisso, ter inveja é uma emoção muito estressante. Esforce-se para deixar de lado os sentimentos de inveja. Você vai se sentir uma pessoa mais feliz, mais satisfeita.

23

ENCONTRE E PARTILHE SEUS DONS

❦❦❦

Somos todas feitas essencialmente da mesma matéria, no entanto cada uma de nós tem um conjunto singular de dons e talentos que nos ajudam a cumprir nossa finalidade e contribuição específicas. Algumas de nós descobrem bem cedo seus talentos, que se manifestam das formas mais óbvias, como no caso das atletas, acadêmicas, dançarinas, músicas ou artistas plásticas. Enquanto um desses talentos pode aflorar facilmente em uma mulher, em uma outra pessoa a facilidade de expressar seus sentimentos ao se comunicar, por exemplo, pode representar uma dificuldade para você. Há mulheres que podem levar mais tempo para desabrochar e achar que seus dons são menos bombásticos; no entanto, elas conseguem ser extraordinárias no apoio que dão às pessoas por conta de suas excelentes qualidades como ouvintes ou podem ser fantásticas jogando em equipe ou, ainda, atuando como empresárias criativas ou escritoras. Você pode perceber que é prendada como mãe, esposa e administradora do lar.

Representam nossos dons singulares aqueles talentos nos quais somos naturalmente bons ou são representados pelas coisas que gostamos de fazer? Talvez seja um pouco das duas coisas, mas os dons que resultam de nossa paixão e do amor em nossos corações são aqueles que, em última instância, são os mais poderosos.

Um dom a que todas temos acesso – a dádiva do amor – talvez seja o mais magnífico de todos. O amor se revela de muitas maneiras. Quando você o pratica sob a forma de uma prestação de serviço, como para a igreja, por exemplo – onde você não recebe nada extrínseco, tal como um pagamento, crédito ou aplausos –, então você também recebe uma dádiva em troca: a da alegria que advém da satisfação de ter contribuído com amor.

Em contrapartida, quando você se afasta de seus pendores naturais e passa a lutar para atingir um objetivo em que as habilidades exigidas não lhe são intrínsecas, pode ser muito frustrante. Por exemplo, aspirar a uma carreira de dançarina, quando você parece ter dois pés esquerdos, pode funcionar mais como um desafio do que como fonte de satisfação. Por outro lado, se você tiver jeito para comunicação, tornar-se programadora de computadores pode resultar numa existência segregada demais para seu temperamento.

Como identificar quais são seus dons? Peça aos amigos e à família que a ajudem a descrevê-los. O que lhe dá brilho pode ser evidente para os outros, mas nem sempre pode estar claro para você. Vai ser necessário um pouco de fé e coragem para descobrir quais são seus dons, e então vai precisar de um pouco mais de fé e coragem para partilhá-los. Siga seu coração. O universo tem uma maneira de confirmar o seu rumo certo indicando portas abertas. Quaisquer que sejam seus dotes, cada um deles é precioso; todos são igualmente importantes para cada um de nós no cumprimento de nosso propósito individual, tanto quanto de nossas lições da vida.

Seus dons podem, inicialmente, parecer ter um único objetivo; mais tarde, no entanto, eles podem desempenhar um papel diferente na sua vida, diferente do esperado. Muitas pessoas são abençoadas com uma dose de sucesso e então retribuem ao mundo dando apoio a uma causa na qual acreditam. Um grande atleta ou atriz famosa pode descobrir que o propósito de sua fama não era somente para servir a seus fins, mas também para servir a uma causa maior. Andrea Jaeger, por exemplo, uma tenista de padrão internacional na década de 1980, descobriu seus dotes óbvios como atleta e então, mais tarde, fez um *lobby* altruístico de seus talentos. Ela agora acha que o grande propósito de sua vida foi ser a criadora da *Silver Lining Foundation,** em Aspen, Colorado, uma organização sem fins lucrativos que cuida de crianças com câncer.

Existem muitos dons que as pessoas partilham, que podem parecer invisíveis, mas acabam tendo influência duradoura naqueles à sua volta. Some-se a isso que a escolha de transmitir exemplos é uma grande dádiva. Partilhe o que aprendeu e pelo caminho vá ajudando os outros, para que eles possam voltar-se e fazer o mesmo.

---

* site: www.silverliningfoundation.org

24

CONCEDA-SE
UM TEMPINHO

🍃 🍃 🍃

Tirar um tempo para você mesma é talvez a mais óbvia de todas as estratégias deste livro, no entanto ela pode ser a mais poderosa de todas, especialmente em se tratando de mulheres atarefadas (e quem entre nós não é atarefada?). Parece que, cada vez com mais freqüência, esse nosso tempinho vai sendo relegado para o final da fila de prioridades. Nossa lista de tarefas, no entanto, continua a aumentar. À medida que vamos ficando mais ocupadas, nossas prioridades se tornam confusas e passamos a dedicar cada vez menos tempo a alimentar nosso Eu interior. Depois de algum tempo, não conseguimos mais lembrar como é se sentir em paz e com o Eu interior alimentado.

O que sentimos é a pressão da urgência. Tratamos da vida como se fosse uma emergência, freneticamente riscando coisas de nossa lista, para que possamos, assim supomos, terminá-la. Imaginamos que vamos arranjar um tempo para nós mesmas quando isto acontecer – e, é claro, isto nunca acontece. Começamos a sentir que estamos levando a vida de modo descontrolado, imprevisível.

Se você não gosta de sentir-se assim (e nunca encontrei uma mulher que gostasse), deve compreender que tirar um tempo para você mesma não é um ato egoísta ou sem valor. Muito pelo contrário, ao obrigar-se a nutrir primeiramente o seu espírito, você vai se surpreender com o aumento na sua capacidade de doação para aqueles que a cercam e aqueles que ama, assim como nas suas próprias realizações. Não importa se você é mãe, esposa, irmã, filha, diretora executiva, funcionária de uma firma em tempo integral ou tudo isso junto: se não cuidar do seu Eu, você não terá condições de manter o ritmo atual. E, finalmente, de puro cansaço, vai se estatelar no chão. Você vai descobrir que não pode estar feliz – e que certamente não pode destinar nada para os outros – se, internamente, não tem nada para dar.

Nós todas necessitamos de um recreio de vez em quando, por exemplo, um almoço com uma amiga, um dia num spa, uma tarde perambulando pelo parque ou submetendo-se a uma massagem ou um tratamento facial. Todos precisam, ocasionalmente, de férias ou de um fim de semana fora. Nós todas precisamos nos desligar um pouco, e também necessitamos de um pouco de diversão! Estas são maneiras importantes para criar um equilíbrio saudável e uma vida prazerosa.

O que estou sugerindo, contudo, é que você tome este conceito e o aprofunde mais um pouco, para achar seu centro de placidez. Infelizmente, uma eventual pausa espaçada de semanas, ou mesmo meses, funciona apenas como um paliativo, um curativo temporário para sua sensação de estar sobrecarregada. Para nutrir suas necessidades mais profundas é necessário tirar um tempinho a cada dia para rejuvenescer e dar leveza a seu espírito.

Em vez de começar seu dia zanzando freneticamente a mil por hora, experimente acordar todos os dias uns quinze minutos antes do resto da família e desenvolva um ritual de silêncio nutritivo. Medite ou aprecie o nascer do sol enquanto sorve seu café ou chá. Ou gaste um tempo rezando; ou então reflita tranqüilamente. À medida que vai descobrindo qual é o melhor caminho para iniciar cada dia e ligar-se com seu Eu, você vai se impor um ritmo mais lento e cadenciado, que propicia mais a reflexão, e isto acompanhará você o dia todo. Você vai poder discernir o que é mais importante e, espantoso que possa parecer, vai conseguir até enxergar o que pode ser cortado de sua lista de tarefas. Embora pareça difícil de acreditar, você vai descobrir rapidamente que isto é verdade. Os benefícios terão um valor bem maior que os fardos (você não vai se referir a eles desta maneira por muito tempo), e você vai se sentir imediatamente melhor.

25

SOLTE A PRESSÃO
AOS POUCOS

❦ ❦ ❦

Nós somos criaturas de hábitos. Infelizmente muitos deles são bastante invisíveis para nós. Um desses hábitos, que pode acabar com um relacionamento que de outra forma poderia florescer, é o de deixar que sua ansiedade vá se avolumando tal como um balão cheio de ar quente. É importante considerar que é bem mais saudável para um relacionamento, e você tem maiores probabilidades de ser ouvida, se for soltando a pressão aos poucos, empregando um modo de comunicação que parta da compaixão – em vez de explodir como uma bomba.

Mulheres que ficam fermentando sua raiva podem ser comparadas a um inimigo dissimulado que desfere um ataque de surpresa. Quer esteja zangada por algo que seu parceiro fez na noite anterior, ou dois meses atrás, ela vai dar o bote quando se apresentar a oportunidade de ventilar a hostilidade armazenada. Isto é o que costuma acontecer quando deixamos de enfrentar nosso parceiro, amiga ou membro da família e não dizemos o que realmente nos incomoda no exato momento. Se continuamos a varrer nossa irritação para debaixo do tapete então, finalmente, quando nosso humor estiver em baixa, é certo que explodiremos. O triste é que não estaremos explodindo por causa de algo pequeno que acabou de acontecer; o que provoca a explosão é o acúmulo de semanas, meses ou mesmo anos de comunicação deficiente sobre assuntos similares.

A solução consiste em determinar quais são os probleminhas com que pode conviver, sem sacrifícios, e quais os problemas que você realmente não pode suportar. Há certos momentos do mês em que fico mais irritada e sei que não foi minha vida que mudou; apenas meu estado de ânimo, meu humor. Durante esses momentos, quando alguma coisa está me incomodando, sei que na próxima semana ou em qualquer outra a mesma coisa vai me parecer completamente diferente. Tenho consciência de que minha perspectiva está ligeiramente abalada e não levo a coisa muito a sério. Mas definitivamente não saio por aí irradiando o que estou pensando.

Uma amiga minha, Laurie, trabalha em casa e tem filhos pequenos. O marido também trabalha em casa, em tempo integral. A responsabilidade do lar, e de cuidar das crianças, no entanto, recai sobre Laurie. Aparentemente ela leva as coisas numa boa, já que lhe parece mais fácil administrar tudo sozinha do que ficar se aborrecendo com George. Por trás da aparência, no entanto, vai crescendo nela, lentamente, um ressentimento penetrante. Laurie não entende como o marido pode assumir compromissos para jogar tênis e almoçar fora, enquanto ela se vira pelo avesso para, tal como uma malabarista, dar conta de tudo em casa. A realidade é a seguinte: Laurie montou sua vida desta maneira e George não faz a menor idéia que ela tem esses ressentimentos, até o dia em que ela avança para ele roxa de raiva. Laurie acha que George teria que ser surdo, mudo e cego para não ver tudo que ela faz num dia. O que ela não sabe é que ele vê absolutamente tudo, mas como desta maneira a coisa sempre funcionou muito bem para ele, não há como perceber que isso a incomoda. Por que ele deveria tentar consertar algo que não está quebrado?

Laurie não providenciou válvulas para, aos poucos, aliviar a pressão que foi se acumulando durante todos esses anos, por não ter estabelecido limites bem claros, nem debatido aqueles outros que foram se tornando obsoletos, pois não funcionam mais para eles como casal. A vida familiar tem tudo a ver com os atos de ceder e harmonizar e é recheada de muitas negociações. Devemos ser capazes de dizer do fundo do coração: "Isto não funciona mais para mim, e esta é a razão por que não." (Consulte os capítulos 12 e 13. Lá vai encontrar mais sobre discussões no nível emocional.) Uma vez externado o problema, precisamos estar dispostos, sem nos colocar na defensiva, a ouvir a resposta ao que for dito.

Se seu objetivo é ter um lar feliz e um bom casamento, não faça tempestade em copo d'água, mas procure, de fato, estabelecer um nível melhor de comunicação. Pare de varrer suas frustrações para baixo do tapete! Você tampouco pode exigir de seu parceiro que ele leia sua mente ou interprete corretamente seus atos. Você precisa falar o que se passa na sua cabeça de um modo suave, de forma que ele possa ouvi-la – então você alivia a pressão um pouquinho e evita as grandes explosões que podem prejudicar seu relacionamento sem produzir mudanças significativas nem negociações com bons resultados.

26
ACOLHA ELOGIOS DIZENDO APENAS "OBRIGADA"

❦ ❦ ❦

Quantas mulheres sabem acolher, com elegância, os elogios que lhe são destinados e que podem ser respondidos apenas com "obrigada"? Alguém elogia algo de bom em nós e, em vez de aceitarmos o elogio, por receio de parecermos convencidas ou pouco humildes – ou talvez por sermos inseguras – nós pigarreamos e hesitamos e começamos a enumerar todas as razões por que não merecemos o elogio.

Uma amiga me contou que, em dada ocasião, uma amiga mais velha lhe deu o mesmo conselho: "Sabe, Susie, se digo que gosto da cor de seu cabelo ou que seu traje lhe cai bem ou o quanto admiro seu talento para decoração, poupe-me e não me venha com aquela cantilena que enumera as razões por que estou mentindo para você. Isso não me anima a lhe dispensar outros elogios no futuro." Susie estaria poupando tempo e energia se, da próxima vez que fosse elogiada pela amiga, respondesse simplesmente "obrigada".

Se uma amiga lhe desse um presente, não tendo em mente outro motivo além da vontade de ser simpática, você não ia fazer a desfeita de devolver o presente, não é? Se você fizesse isso, garanto que esse seria o último presente que receberia dessa amiga! Elogios não são diferentes. Eles são presentes espontâneos que demonstram estima, consideração e reconhecimento. Você os aceita, da mesma maneira como receberia um presente de uma amiga – com elegância.

Quando você aceita um elogio respondendo apenas "obrigada", isto não quer dizer que você é convencida mas, ao contrário, que aprendeu uma ou duas coisinhas sobre elegância. É preciso que nos lembremos de que o gesto de aceitar a elegância com gratidão é fazer um convite para que a energia divina chegue a nós na forma de um elogio. Uma das melhores sensações é fazer um elogio sincero sabendo que será recebido com o mesmo espírito em que foi feito.

A próxima vez que alguém empregar energia para lhe dizer algo agradável, desfrute o elogio e poupe tempo e energia respondendo apenas "obrigada".

27
EVITE ENCRESPAR-SE ELETRONICAMENTE!

No mundo veloz e freqüentemente impessoal de hoje, somos capazes de nos comunicar de modos nunca antes imaginados. O correio eletrônico [e-mail] tornou-se uma maneira bastante popular de se comunicar, tanto nos negócios como com a família e os amigos. Certamente que o correio eletrônico trouxe com ele muitas vantagens, incluindo eficiência e conveniência. No entanto, junto com essas vantagens vêm algumas desvantagens que são potencialmente estressantes, se não danosas. Uma das desvantagens para a qual deve estar atenta, se for uma garota do tipo "*e-*", é a inclinação para algo que costumo chamar de "briga cibernética". Colocado de forma simples, a briga cibernética é um conflito, ou tensão, que se cria agindo a partir de um impulso negativo ou da necessidade de expressar sentimentos instantaneamente, via correio eletrônico. Um toque impulsivo na tecla enviar [*send*] pode prejudicar um relacionamento ou criar um conflito desnecessário em sua vida.

Quando você está sentada ao computador, escrevendo um *e-mail*, é fácil perder suas inibições. Porque está sozinha, sentada diante da tela, parece seguro revelar seus pensamentos particulares. E por causa da natureza impessoal de um teclado, podemos ficar tentadas a escrever coisas que de outra forma não diríamos, nem pessoalmente nem por telefone. Afinal, ninguém nos observa ou ouve. Somos apenas nós e o computador. Portanto, nos sentimos seguras ao digitar alguns de nossos pensamentos. Talvez estejamos um pouco zangadas ou magoadas, com um humor de cão ou nos sentindo frustradas. Sem nos darmos conta disso, digitamos nossas frustrações, talvez até umas poucas crueldades. Escrevemos o que realmente pensamos a respeito de alguém ou expressamos algum tipo de insatisfação. Aí, bum, num instante, nossos sentimentos são despachados pelo éter. No mesmo instante em que nos apercebemos do que dissemos ou refletimos sobre as implicações potenciais, é tarde demais. A mensagem já foi enviada; o dano já foi feito.

Por mais tentador que possa ser, é importante lembrar que quando você está zangada, apressada, ou pronta a reagir por qualquer coisa, esta não é a hora de enviar seus pensamentos por *e*-mail. É sempre melhor esperar até que você tenha serenado a respeito de um assunto ou adquirido algum tipo de perspectiva sobre ele, antes de ventilar o que lhe passa pela cabeça. Se você se sente à vontade como se escrevesse uma carta, vá em frente e faça isso, mas faça um rascunho de próprio punho ou, pelo menos, escreva isso quando não estiver ligado à rede [*on-line*]. Desta maneira, você terá tempo de refletir sobre o que está escrevendo e como isto vai ser recebido. Você pode sempre deixar para mandar a carta mais tarde, o que lhe dá, também, a opção de não fazê-lo, se esta for sua vontade.

Fico surpresa com o número de homens que se metem em brigas por meio da informática. Parece que alguns homens são melhores em comunicar seus sentimentos através de *e*-mail, que é, ironicamente, um meio impessoal. Eles botarão de tudo para fora, desde palavrões até descrições de como estão ocupados e cansados e, por vezes, terminam com toda a sorte de insultos. Você acha que um homem bem educado escreveria um memorando comercial contendo um palavrão começado pela letra f, se não o estivesse despachando por *e*-mail? Duvido. Mas, de certa forma, o *e*-mail estimula, para que aflore, um tipo de impulso primitivo.

Ainda que existam, provavelmente, certas exceções justificáveis, na maioria dos casos é melhor não expressar impulsivamente, pelo *e*-mail, seus sentimentos negativos. A gratificação instantânea que vai sentir será quase sempre eclipsada pelo estresse que você cria para si mesma e, depois, para quem vai receber a mensagem de seus sentimentos. Acho que vai concordar comigo que a maioria das brigas cibernéticas são contraproducentes e poderiam ser evitadas pela simples conscientização do problema. Como é normalmente o caso, a paciência é sempre uma boa conselheira.

28
PROTEJA SUA CHAMA INTERIOR

❦❦❦

Nós estaremos em melhores condições de ajudar as outras pessoas se aprendermos a manter nosso bem-estar emocional intacto. Nosso bem-estar é uma fonte de força. É nossa paz de espírito, inspiração e fonte natural de sabedoria. Por outro lado, se não mantivermos nosso bem-estar intacto, não seremos muito úteis para os outros. Afinal, é impossível dar aquilo que não temos.

Pense no seu bem-estar como sua chama interna; é uma vela a queimar resplandecente dentro de você. Esta chama está no seu âmago e, quando você estiver se sentindo tranqüila e em paz, seu bem-estar estará intacto e sua vela continuará resplandecente.

Sua sensação de bem-estar é a luz especial de paz que você carrega dentro de você; é também sua saúde inata. Assim como a chama de uma vela eventualmente precisa ser resguardada do vento, você também vai querer fazer o mesmo com seu bem-estar. É importante proteger carinhosamente sua chama interior para que ela não diminua de intensidade. Quando meu bem-estar é ameaçado, eu me sinto dispersiva, cansada, fora de foco e incapaz de ter acesso à minha fonte interna de sabedoria e paz.

Cabe-nos descobrir qual a maneira de nutrir e fortalecer esta chama. Quando o brilho de minha chama diminui é sinal de que as idéias estão se "enrolando" na minha cabeça. Nestas ocasiões, percebo que preciso me afastar e me isolar por um tempinho. Compreendo que é necessário respirar profundamente e fazer uma tentativa de livrar minha cabeça dos "probleminhas" e pressões que me pesam e contribuem para que eu me sinta por baixo.

Do ponto de vista emocional, meu maior desafio pessoal, desde que me tornei mãe, tem sido o de tentar conservar minha sensação de bem-estar enquanto minhas filhas passam por uma fase de mau humor ou atravessam uma crise emocional. Com o passar dos anos, observei que não há benefício algum em todos mergulharmos simultaneamente numa espiral descendente e descontrolada! Nestas ocasiões, é importante proteger sua chama interna, encarando seus filhos como indivíduos distintos de você; eles são pessoas independentes, com direito a ter seus dias de alto ou baixo astral. Esta é uma idéia que, por vezes, considero desafiadora, mas nem por isso deixa de ser importante.

O primeiro passo para o estabelecimento de sua paz interior é achar um meio de fixar suas metas, manter-se centrada e saber proteger a chama interna. É muito útil ser capaz de reconhecer quando estamos enredados por nossos pensamentos e submetidos ao que Richard chama de "crise de pensamentos". Ao reconhecer que sua capacidade de pensar está abalada ou que você está demasiadamente perdida em elocubrações e saber que deve fazer uma pausa ou programar uma confrontação, seu bem-estar passa a ter uma *chance* de voltar à cena. Nestas condições você poderá decidir melhor sobre o que fazer ou dizer.

À medida que for compreendendo as implicações desta estratégia na sua vida diária como mulher, amiga, mãe, esposa e colega de trabalho, você poderá começar a enxergá-la como um dos elementos mais importantes da estabilidade emocional de sua família e para aqueles à sua volta. Ao manter seu bem-estar intacto, você vai se achar mais capaz de ajudar seus amigos, assim como de ter mais compaixão e cuidado pelo marido e por todos com quem está em contato. O truque é ver a relação entre seu pensamento e a potência que está por trás de sua chama e perceber que, com a chama diminuída, você não estará em condições emocionais de lidar com um problema. É muito mais fácil vivenciar as alegrias da maternidade e tudo que a vida tem a oferecer se aprendermos a atravessar os tempos difíceis com mais elegância. E conserve sempre bem acesa aquela vela que tanto brilha.

29
COMPREENDA A DIFERENÇA ENTRE INTUIÇÃO E MEDO

O que é exatamente intuição e como sabemos a diferença entre intuição e medo? É importante estar atento à diferença para que você possa ser capaz de usar o dom da intuição para orientar sua vida. Diferençar entre os dois lhe permite juntar informações que vão auxiliar você nas decisões. Evita que se torne vítima de suas reações e que tome decisões a partir de uma situação de medo irracional. A intuição pode ajudá-la a usar o medo de maneira saudável para resguardar-se, e a outras pessoas, de diversos males. É importante que preste atenção a sua intuição; ela freqüentemente acerta bem no alvo.

A maneira mais fácil de distinguir entre o medo e a intuição é reconhecer a diferença sutil que existe entre os dois. Embora todos os sentimentos se originem em nossos pensamentos, a intuição é um sentimento forte que funciona para nós como uma espécie de sexto sentido, onde o medo inicialmente não se faz presente. Um sentimento intuitivo fica pairando; é o que muitos descrevem como um sentimento visceral. Você tem emoções fortes a respeito de alguma coisa e então reflete sobre o que sente. Poderia ser um sentimento de inquietação ou de desconfiança ou um pressentimento forte ou um bom presságio. Por vezes, algo simplesmente transmite a sensação de ser a coisa "certa".

O medo anuncia sua presença como um sentimento temível cuja origem imediata é um pensamento temível. Sem dúvida, a coisa tem início na sua cabeça, dado que o pensamento temível vem em primeiro lugar. A verdadeira diferença entre medo e intuição é que você geralmente tem consciência do que tem medo, portanto em sua mente já existe uma imagem concreta. Contudo, quando sua intuição está funcionando, você talvez não seja capaz de definir o que está pressentindo.

Se você sempre teve medo de avião ou tem o hábito de cultivar pensamentos nefastos antes de voar, então é pouco provável que isto seja fruto de sua intuição. Por outro lado, se você não costuma ter medo de voar e subitamente sente-se tomada por uma forte premonição que lhe sugere não embarcar, pode ser uma boa idéia prestar atenção ao sentimento que está se manifestando. Nesse caso, sua intuição pode estar querendo lhe dizer algo.

Eu sei dizer qual é a diferença entre o medo e minha intuição a partir de uma observação muito simples de minha psique. Meus medos se apresentam com freqüência, mas minha intuição se faz sentir mais raramente e parece vir do nada. Por exemplo, nas manhãs em que minha parceira de caminhadas não está disponível, eu freqüentemente me preocupo com a segurança ao caminhar sozinha. Sei que isso é medo porque eu já havia notado meu padrão de pensamentos. Embora eu não permita que isso me impeça de caminhar sozinha, posso resolver alterar meu itinerário se eu vir alguém ou alguma coisa no caminho que não me pareça bem.

Há um lugar e uma hora para um pouco daquele medo que chamo de saudável, especialmente se sua intuição não está dando sinal de vida ou se você se sente insegura a respeito dela. O medo é uma emoção que nos mantém em segurança quando é aplicado com uma atitude de bom senso. Afinal, sem medo, agiríamos como se fôssemos invencíveis, desprezando todo o senso de prudência. Todavia, o medo, como qualquer emoção, torna-se destrutivo quando se desequilibra. Ele passa a funcionar como uma força irracional em nossas vidas e pode acabar com nossa saúde, tanto física como mental.

Gosto de pensar em nossa intuição como a habilidade de nos pôr em sintonia com nossa sabedoria inata; nosso "Eu superior" ou a parte de nós que está ligada ao nosso centro espiritual. Precisamos desenvolver um sentido apurado de nossa intuição e isto requer prática. Entrementes, observe a sutil diferença entre seu medo e sua intuição. Se conseguir fazer isso, você sempre estará partindo de uma posição de força ao tomar decisões importantes, quer sejam grandes ou pequenas.

30
ESTABELEÇA LIMITES BEM DEFINIDOS

❦❦❦

Felizmente, há muito tempo renunciamos à imagem da "mulher submissa". Para muitas de nós, no entanto, é uma luta constante fazer com que nossas necessidades e limites sejam reconhecidos tanto pelas pessoas que trabalham conosco como por aquelas com as quais convivemos. No entanto, se soubermos estabelecer limites bem definidos evitaremos que se aproveitem de nós e encontraremos um meio para compensar muitos sentimentos de frustração.

Antes de estabelecer quais são esses limites, você deve definir, com clareza, suas limitações pessoais. Saiba qual é seu limite de tolerância; a raiva e o ressentimento ajudam a fixar este nível. Quer seja com o marido, colegas de trabalho, filhos, parentes ou pais, a definição clara desses limites garante um patamar melhor de comunicação. Você se frustrará bem menos com pequenas bobagens porque as pessoas com as quais se relaciona saberão qual é sua posição sobre o assunto.

Ann, esposa de Tom, não percebeu a importância de estabelecer limites, e não o fez sequer com o marido. Suas idéias a respeito do amor eram mais ou menos as seguintes: se você realmente ama alguém, vai lhe conceder tudo que quiser, vai procurar satisfazer todas as necessidades dele e sempre vai oferecer a mais completa compaixão e compreensão, mesmo que ele venha a trair, de modo deplorável, o compromisso que assumiu com você. Na teoria, são esses os ideais que valem a pena perseguir, mas eles só vão funcionar se houver reciprocidade de ambas as partes. Caso não haja, então a parte que mais contribuiu vai acabar percebendo que está sempre em desvantagem e, inevitavelmente, ficará ressentida e zangada. Depois de sete anos de casamento, Ann começou a se sentir como o capacho de Tom.

Foi só depois de descobrir que Tom a traíra que Ann realmente começou a tomar conhecimento dos muitos sentimentos que cercavam o relacionamento deles. Eles tinham dois filhos pequenos dos quais ela cuidava, enquanto ele, na verdade, se parecia mais com um pai que estava de passagem, fazendo uma visita. Ele sempre tinha algum tipo de desculpa para explicar a impossibilidade de chegar em casa antes das crianças irem para a cama.

A raiva e o ressentimento de Ann lhe diziam que seu limite de tolerância máxima tinha sido ultrapassado e que deveria ser restabelecido nos seguintes termos: Tom tinha que terminar o relacionamento com a outra mulher e jurar que nunca mais seria infiel. Além disso, teria de estar em casa para o jantar pelo menos duas noites por semana. O fato de ter sido infiel era sintomático da falta de intimidade e comunicação que caracterizava sua vida conjugal. E, verdade seja dita, Tom tinha pouco respeito por Ann. Para recuperar o respeito dele, assim como o dela próprio, Ann precisava deixar bem claro para Tom que estava disposta a acabar com o casamento, a não ser que ele desse uma guinada no seu modo de proceder e se dispusesse a mudar substancialmente de hábitos e comportamento.

O relacionamento de Ann e Tom revela o que acontece quando você não estabelece limites pessoais. O ideal seria que duas pessoas que vivem um relacionamento, de qualquer tipo, fossem capazes de combinar, juntas, os seus limites. Estes limites poderiam dizer respeito a assuntos financeiros, familiares, sexuais, quanto tempo vocês querem passar juntos etc. É importante perceber que, com o passar do tempo, estes limites são passíveis de ser alterados. Bons comunicadores sabem como dizer, de uma forma amorosa: "Isto não funciona mais para mim... e essa é a razão." Se você aprende a estabelecer limites bem definidos, conseguirá reduzir o estresse em sua vida – aquele que decorre de ressentir-se das pessoas que ultrapassam os seus limites.

Estabelecer limites bem definidos não tem nada a ver com ser uma pessoa egocêntrica. Para obter bons resultados, um equilíbrio, os limites devem ser razoáveis, justos e não mais acentuados em apenas um dos lados. Uma amiga minha definiu isso lindamente ao dizer: "Se seu relacionamento é um pássaro frágil que você segura na mão, então você deve tomar cuidado para não segurar o pássaro de forma muito apertada, que acabe por lhe espremer a vida. Por outro lado, você não pode segurá-lo de modo tão frouxo que ele possa alçar vôo e fugir. Será preciso segurá-lo da maneira certa."

31
ABRA MÃO DA "PERFEIÇÃO" EM SEUS PLANOS

🌹🌹🌹

Você resolveu dar uma festa para comemorar o sexagésimo aniversário de seu pai ou as bodas de ouro de seus pais, ou talvez esteja planejando reunir a vizinhança para um churrasco. Talvez você queira apenas se ausentar para desfrutar de um fim de semana romântico.

Não importa qual seja a ocasião, você mergulha, de corpo e alma, no planejamento, com a mais pura convicção de que vai ser "o dia perfeito" e você terá a "festa perfeita".

Infelizmente, como já deve ter passado por isto, estas "expectativas", na melhor das hipóteses, garantem, em cem por cento, seu desapontamento; na média, podem se transformar numa experiência altamente estressante; e, na pior das hipóteses, presenteiam você com o princípio de uma úlcera.

Se você pretende dar uma festa que seja legal e na qual também acabe se divertindo, faça o melhor possível ao planejar os detalhes, mas, simultaneamente, abra mão do fator "perfeição" nos planos. Faça concessões para o fato de que existem desvios e "tropeços" em todos os planejamentos. Não importa o quanto você amarrar os detalhes nem sua capacidade de antecipar problemas, sempre vai haver alguma coisa que você não previu. Saber disso com antecedência é uma tremenda fonte de prevenção de estresse.

Ao estabelecer expectativas exageradas, nos sujeitamos a sofrer pressões desnecessárias. Se você é uma perfeccionista, esta estratégia se aplica duplamente. É muito proveitoso se conformar com o fato de que são muitas as variáveis que fogem a seu controle quando se mete a planejar um evento. Ainda não ouvi falar de alguém que soubesse controlar as condições climáticas ou o quanto tio John vai beber naquela noite ou alguma das dinâmicas familiares esquisitas que com certeza vão acontecer.

Um bom indício do exagero de suas expectativas pode ser constatado na maneira como você está lidando com a família, o fornecedor e os amigos, pouco antes do grande evento. Se está alvoroçada, de pavio curto e o rosto revela que você está prestes a se desintegrar, as probabilidades são de que chegou o momento de levar as mãos ao alto e lembrar-se de que a festa vai prosseguir mesmo que você esteja toda estressada! Tire um tempo para respirar fundo e para aliviar o excesso de seriedade. Tente lembrar-se de que a idéia original tinha por finalidade comemorar a ocasião com divertimento.

Aqui vai outro cenário que parece não falhar nunca: você planeja passar um fim de semana incrivelmente romântico com seu marido, esquecendo de levar em conta a única coisa que pode realmente melar tudo. E aí, bingo! No início do fim de semana, você começa a menstruar. Isto me aconteceu diversas vezes. Pode ser uma situação desagradável, mas se souber conservar seu bom humor e ser um pouco flexível, você ainda assim poderá aproveitar a ocasião.

Quando algo assim nos acontece, devemos simplesmente deixar de lado nosso "plano perfeito" original e partirmos para o "Plano B", que consiste em massagens nas costas, massagens nos pés, longas caminhadas a dois pela praia ou pelos bosques. Conversas profundas e banhos à luz de velas se tornam o ponto alto do fim de semana. A única vez que deixamos de ter um fim de semana agradável foi quando um de nós ficou ansioso ou aborrecido devido à não-realização de nosso "plano perfeito".

Numa escala maior, a mesma estratégia se aplica à vida. Se acha que pode delinear uma vida perfeita e esperar que tudo saia conforme planejou, então, boa sorte. Algumas coisas vão sair conforme você queria, enquanto outras não. Raramente levamos em consideração a doença, a possibilidade de ser demitida ou de uma mudança súbita por causa de um novo emprego.

Freqüentemente, fazemos planos que giram em torno de nossas expectativas de como será o casamento ou como ele vai ser com a chegada de um bebê. Uma parte vai sair tal como a gente imaginou, porém a maior parte vai diferir muito de nossas expectativas. A questão que se põe é até que ponto você está imbuída da idéia de que as coisas têm que acontecer conforme as planejou. Quanto maiores as expectativas, tanto maiores serão os desapontamentos sofridos pela não-correspondência com o planejado.

Um modo de encarar o problema é o seguinte: em vez de ficar transtornada quando as coisas não correm conforme planejou, espere ser agradavelmente surpreendida quando, vez por outra, algo que planejou acabar correspondendo às suas expectativas! Desta maneira, você será capaz de curtir qualquer ocasião, de um modo ou de outro. Você vai descobrir que as coisas são "perfeitas" assim mesmo, da maneira que são!

32
NÃO DEIXE QUE AS DÚVIDAS ABALEM VOCÊ

❦❦❦

Nenhuma de nós se sente cem por cento confiante a respeito de tudo que estamos fazendo durante cem por cento do tempo. Se você se sente confiante, talvez seja porque não está forçando seus limites o suficiente. Embora um pouco de dúvida seja algo saudável, pois demonstra que estamos nos esforçando um pouco, o excesso de dúvidas pode paralisar nossa capacidade de progredir e, com isso, incapacitar-nos para atingir nossas metas.

Em diversas ocasiões de minha vida experimentei dúvidas em níveis saudáveis e, por vezes, dúvidas de tal grandeza que chegaram a me impedir de concretizar aquilo a que me tinha proposto originalmente. Em todos os casos, eu estava estendendo minhas capacidades para além do que estava acostumada, desta forma me impulsionando rumo ao crescimento.

Se você se submete à insegurança e permite que a dúvida cresça, ela poderá se tornar maior do que você. O excesso de pensamento negativo pode acabar derrotando-a. É muito útil, no entanto, compreender que nossas dúvidas não passam de um mecanismo interno para nos alertar de que estamos fora de nossa zona de bem-estar. Não há nada de errado em se sentir um pouco desconfortável. Na verdade, é o desconforto que pode estar alavancando uma oportunidade incrível de desenvolvimento. Você pode optar por não continuar perseguindo a mesma linha de pensamento negativo. Pense nisso como se fosse, mais ou menos, o seguinte: você está jogando uma partida de Banco Imobiliário e acaba de ir para a cadeia. Você pega uma carta da pilha da sorte em que se lê "pague cinqüenta pratas e saia da cadeia ou fique nela durante três rodadas". Sua "carta da sorte" presumiu que você tem dúvidas. Alimentar suas inseguranças com mais dúvidas é o mesmo que optar por continuar preso por três rodadas para não pagar umas míseras cinqüenta pratas!

Tente encarar as dúvidas como não sendo nada mais do que um soluço; um simples lembrete de que você está se impulsionando e expandindo seu potencial ao fazer isso. Da próxima vez que tiver dúvidas, tente verificar em que medida está se estendendo e considere bem-vinda a oportunidade para se desenvolver.

33
PRESENTEIE-SE COM A DÁDIVA DO PERDÃO

Há ocasiões em que somos injustiçados por alguém em quem confiávamos, quer seja um amigo, amante ou mesmo um membro da família. E sempre que isso acontece, dói muito. No entanto, do meu ponto de vista, temos duas escolhas a fazer: ou agimos como o caranguejo solitário, agarrando-se à vida ideal dentro da casca, ou podemos, mediante a dádiva do perdão, nos conceder a liberdade de um pássaro em vôo.

O conceito de perdão é um desafio quando se pensa em termos de perdoar alguém com quem se aborreceu. Todavia, o ato de perdoar, na verdade, a libera dos efeitos nocivos de sua raiva e hostilidade sobre sua própria psique, como também no seu bem-estar físico. Suas emoções são suas; elas pertencem apenas a você e não têm efeito algum sobre a pessoa com quem você se aborreceu.

O perdão é uma tarefa íntima muito pessoal. Não tem a ver com o ato de comunicá-lo para a outra pessoa ou oferecê-lo para outros; de fato, não é essencial fazer com que esta pessoa saiba que você lhe concedeu o perdão. Bem ao contrário, tem a ver com abrir seu coração e libertar sua mente do ressentimento e ódio que sente. Nós todas já experimentamos a ilusão de achar que maus pensamentos nos propiciam algum tipo de vingança. A verdade, porém, é que ao alimentarmos estes tipos de pensamentos e emoções, eles nada mais fazem do que nos aprisionar em um estado mental pouco saudável. Quando você perdoa um malefício, obtém paz de espírito; você pode dar, novamente, continuidade à vida com sentimentos de serenidade e de gratidão.

Eu li certa vez um artigo sobre uma jovem coreana que sobreviveu ao bombardeio de sua vila durante a guerra. Ela escapou com as roupas queimadas coladas ao corpo, mas sua família inteira morreu no incêndio. Ainda que se tenham passado anos de cirurgias plásticas para curar os ferimentos de seu corpo, ela explicou que sua verdadeira cura aconteceu quando ela foi capaz de curar as feridas de seu coração ao perdoar uma nação inteira. Se uma pessoa pode perdoar uma nação inteira, nós não poderemos perdoar um ato de uma pessoa de cada vez? Eu sei que podemos.

Também precisamos nos perdoar quando fazemos mal a uma outra pessoa; isto pode ser tão difícil de fazer como perdoar alguém por nos machucar. É importante reconhecer que nossa humanidade nos faz imperfeitas por natureza e que, enquanto você estiver viva, vai cometer erros – embora menos, à medida que aprende com suas lições passadas. Aprender a abrir mão do sentimento de culpa e saber perdoar-se faz parte do crescimento emocional. Tampouco tenha medo de pedir perdão.

A medida de amor que você se dedica e aos outros equivalerá a quanto você será capaz de abrir mão dos malefícios que outros lhe dirigiram e dos erros que você mesma comete. À medida que os sentimentos de raiva, ódio, amargura e traição pertencem somente a você, será possível constatar os enormes benefícios emocionais que advêm de se presentear com a dádiva de paz e serenidade que nos chegam somente pelo ato de perdoar.

34

SEJA AUTÊNTICA

❦❦❦

Aqui vai algo de engraçado em que pensar! Largue o bloco do Canal Um e tente ser autêntica para variar. Ouvimos, Richard e eu, isto expresso desta maneira, e pela primeira vez, pelo filósofo Ram Dass. Desde então temos nos referido ao "Canal Um" como o tipo de conversa sem profundidade que muitas pessoas entabulam, como, por exemplo: "Como está o tempo? Que roupas de grife está usando?"

A comunicação em Canal Um enfatiza assuntos como o tipo de carro que está dirigindo, quanto dinheiro ganha ou com quem uma pessoa se parece. Comunicar-se em Canal Um não é uma coisa má e tampouco constitui erro. Nós todos fazemos isso e, por vezes, esta é a forma absolutamente oportuna. O problema é que, se o Canal Um for seu único meio de comunicação ou se você raramente se utiliza dos "canais mais profundos", os sentimentos e interações que experimentar não serão tão ricos nem tão satisfatórios quanto poderiam ser se as coisas acontecessem de outra forma. Você vai se sentir como se faltasse algo. Vai haver falta de profundidade, intimidade e união em sua vida.

Ser "autêntica" e se relacionar de forma menos superficial com as pessoas nutre mais o espírito. Você consegue isso ao abrir-se, ao falar do fundo do coração, sendo muito franca e formulando perguntas com mais densidade. Se você gasta sua energia tentando convencer as pessoas de que é perfeita e de que nunca cultivou aspectos imperfeitos em sua vida ou se você se ocupa apenas dos assuntos do "Canal Um" nas suas interações, vai acabar cercada por pessoas que também se convenceram de que tudo na vida delas é "perfeito" ou que tendem, predominantemente, a abordar assuntos superficiais. Você acaba se sentindo isolada, espiritualmente subnutrida, e completamente abandonada numa sala repleta de tipos Canal Um. É uma existência rasa, de pouca profundidade, uma vida em que o pouco que pode ser verdadeiro para o coração raramente é partilhado.

Há uma mulher que conheço há muito tempo. Toda ocasião em que nos encontramos, geralmente uma ou duas vezes por ano, a reunião é tipicamente a mesma. A saudação inicial é bastante alegre, mas se limita, claramente, à conversa de Canal Um. Ela sorri e diz que tudo está perfeito. Seu pai está "maravilhoso", mesmo depois de ter sofrido um ataque do coração. Com ela, tudo está "ótimo", embora ela esteja trabalhando em tempo integral e não possa realizar seu sonho – ficar em casa para criar os três filhos. Seu casamento é "espetacular", ainda que viver com o marido seja igual a cuidar de uma quarta criança.

O problema é que essa conversa não leva a nada. Embora não haja mal algum numa conversa de Canal Um, talvez uma resposta mais franca do tipo "sabe, Kris, de modo geral sou uma pessoa feliz, mas, como todo mundo, tenho algumas frustrações na vida" tivesse mais consistência. Uma resposta assim seria um convite para uma ligação mais estreita entre nós. Seria uma oportunidade para perguntas de maior profundidade. Embora não fôssemos abordar, em detalhes, as frustrações dela, faria, no mínimo, com que eu experimentasse a sensação de que ela desabrochara um pouco para mim – e a faria consciente de que estava sendo franca.

Sem dúvida, há lugares que são adequados para conversações do tipo Canal Um. Por exemplo, você não revelaria seus problemas pessoais a todos os seus colegas de trabalho ou a pessoas que conhece apenas ligeiramente. Algumas vezes, a conversa em Canal Um é suficiente. A questão, dependendo das circunstâncias, é ser capaz de alternar entre aquele canal e interações mais profundas.

Você pode ser uma pessoa alegre e, no entanto, não ter uma vida "perfeita"! Quando sua alegria é autêntica e emana de seus legítimos sentimentos, deixe que transpareça, porque ela vai iluminar profusamente as pessoas à sua volta. Quando seus sentimentos são postiços e você tem receio de ser autêntica, você não vai se relacionar com as pessoas no plano do coração, e nenhum de vocês se sentirá espiritualmente nutrido.

Se partilhar a alegria e a maravilha da vida com amigos e a família é, por um lado, surpreendente, em contrapartida, varrer os sentimentos negativos para baixo do tapete, como se não existissem, leva ao isolamento. À medida que você for capaz de verbalizar sentimentos autênticos, tanto de sua felicidade como de seus problemas, e visto que se sente mais à vontade partilhando do coração, você vai descobrir que o reconhecimento (que parte de dentro de você mesma e dos outros) vai nutrir seu espírito muito mais do que o faria uma interação em Canal Um. A aceitação e o sentimento de proximidade que vai experimentar, dos outros e para com eles, vão alimentar seu espírito de um modo superior ao das palavras. Esta é a base para se oferecer um amor incondicional, assim como abrir-se para ser amada da mesma forma.

35
P.S. – ESTOU NA TPM!

❦❦❦

Eu acho que seria uma boa idéia se todas as mulheres tivessem um aviso para pendurar na porta do quarto: P.S. – Estou na TPM! Do verso, deveria constar: não me chateie! Eis meus sintomas: fervendo, arrasada, tonta e muito cansada. Na parte inferior do cartaz haveria: manuseie com cuidado. A idéia seria dar aos mais íntimos um aviso e uma oportunidade de nos dar um pouco de espaço.

No entanto, com crianças, uma carreira, um marido e dez bichinhos de estimação para cuidar, como conseguimos atravessar aqueles dias de TPM sem nenhum desastre? Muito cuidadosamente.

Devo reconhecer que não sou nada fácil para os que me cercam quando estou nas garras da TPM. Os piores momentos acontecem quando perco a paciência e em seguida constato que fui dominada pela TPM. Quando meu sistema se ressente da falta de serotonina e não me sinto como de costume, saem de minha boca algumas coisas bem desagradáveis. Pelo menos ao avisar minha família que me encontro naqueles dias, dou-lhes a oportunidade de aprender (na maioria das vezes) a não mexer muito comigo nem exagerar nos pedidos que me fazem.

Na tentativa de moderar minha TPM, eu gostaria de partilhar

umas poucas coisas que me ajudaram tremendamente. Você poderia experimentar alguns desses recursos:

- Reduza a ingestão de cafeína. A cafeína acentua a irritação que você sente, assim como liquida com muitas das vitaminas de que você necessita.
- Tome um complexo vitamínico.
- Ceda aos desejos (mas, se possível, tente não exagerar).
- Beba mais água e pratique exercícios regularmente, mesmo que se sinta meio lerda.
- Quando se sentir estressada, respire mais profundamente.
- Conceda-se algumas folgas; crie pausas que lhe permitam ficar sozinha e descansar.
- Estimule um estado de espírito mais saudável adotando uma atitude mais positiva.
- Reconheça que seu estado mental não está lá essas coisas e que o melhor é adiar as grandes decisões ou tentativas de encontrar soluções para problemas, até que se sinta em melhores condições.
- Não faça das coisas cavalos de batalha. Diga para você mesma, repetidamente: "Isto também vai passar."
- Peça desculpas quando sua reação for exagerada.
- Sempre que possível, prefira um banho mais demorado ao chuveiro rapidinho

Espero que algumas dessas sugestões possam ajudá-la a vencer o desafio físico e emocional de seu ciclo menstrual. A TPM é um verdadeiro porre, mas, estando mais consciente dela, e fazendo umas poucas concessões à maneira como se sente, você pode se harmonizar com ela. A esperança que repousa no emprego destas táticas é que elas diminuirão o estresse que você sente, assim como o número de vezes que você desconta sua irritação naqueles que a cercam.

36

REDUZA SEU LIMIAR

❦ ❦ ❦

As mulheres dão conta de muito estresse, mas será que é de fato interessante para nós situar nossos limiares lá nas alturas? Acho que não; geralmente isto provoca um retrocesso similar a um motor mal regulado, em que também faltou óleo lubrificante. Normalmente não andamos com nossos carros até que acabem o óleo ou a gasolina; costumamos manter os tanques de combustível cheios e os motores ajustados com regularidade e assim os conservamos para que não pifem quando precisamos deles. Da mesma forma, precisamos evitar que nos sobrecarreguem cada vez com mais estresse até atingirmos o ponto de ruptura por conta de tanta pressão. Se arranjamos tempo para dar atenção à manutenção de nossos carros, não poderíamos conservar nossos níveis de estresse de modo que não aceitemos mais do que uma pessoa pode suportar?

Por muitas vezes achei que as crianças deveriam vir acompanhadas de algum tipo de manual de instruções. Em meus esforços para ser a mais paciente (o que nunca foi um de meus pontos altos) e amorosa das mães, eu colocava o limiar de minha tolerância ao estresse lá no alto.

Percebi que, para minhas filhas, não importava quanto elas poderiam se comportar mal ou pressionar, antes de descobrir qual era meu limite, mas isso certamente tinha importância para mim. Erroneamente, pensava que "amor" significava que meu limite tinha que estar nas alturas. Eu era tolerante até mais ou menos cinco da tarde e aí explodia como um vulcão em erupção.

Depois de procurar orientação numa fonte mais experiente, percebi que a coisa não tinha nada a ver com o ser ou não paciente o dia todo. Tinha a ver com ser paciente e estabelecer os limites antecipadamente. Afinal, minhas filhas não iam lembrar que eu tinha sido paciente o dia todo; a única coisa de que se lembrariam era da minha explosão ao fim do dia!

À medida que fui aprendendo a baixar meu limite pessoal, fui me tornando capaz de manter minha paciência real o dia inteiro. Minhas filhas se acostumaram a limites mais severos e agora minha paciência não acaba mais (com tanta freqüência).

Pense em modos de baixar seu limiar de estresse em outras áreas de sua vida. Por exemplo, se você é aquela funcionária que sempre acaba organizando a festinha-surpresa do aniversário do chefe ou a que se oferece sempre como voluntária para ajudar a acabar aquele projeto de última hora que tem um prazo muito curto de entrega, comece a deixar que outros passem a fazer estas tarefas que não são obrigatórias. Pode acontecer que, ocasionalmente, se torne inevitável ter de arcar com a execução de um projeto extra, mas certifique-se de que não seja você a que sempre fica trabalhando até mais tarde. Você logo vai perceber que muito do estresse adicional era provocado por sua incapacidade de impor limites no trabalho. O objetivo é se inteirar de seus sentimentos de estresse antes que eles tenham a oportunidade de sair de controle. Ao reduzir o limiar no escritório, você ficará surpresa ao constatar a diminuição dos níveis de estresse.

O que aprendi foi que, ao se impor um limiar elevado de estresse, tudo que isto produz é apenas mais estresse. Reduza esse limiar e você vai se sentir menos propensa a reagir negativamente e, de modo geral, mais paciente. E você e sua família evoluirão.

37
DEIXE QUE SEUS FILHOS SE DESENVOLVAM

Quando somos agraciados com a dádiva de ter filhos, devemos nos lembrar de que uma dádiva é exatamente o que eles são. A nós é dada a oportunidade de sermos responsáveis por eles por um período relativamente curto de suas vidas, e de orientá-los até que estejam prontos para se descobrirem sozinhos. Kahlil Gibran definiu isso lindamente no seu livro *O profeta* quando diz: "Como pais, nós deveríamos permitir que nossas crianças crescessem e se tornassem suas próprias pessoas. Não deveríamos esperar que fossem exatamente iguais a nós."

Como pais, deveria ser nosso objetivo falar com nossos filhos tanto por meio de nossas ações como de nossas palavras. Nossos filhos nos vêem como seus exemplos de como se relacionar com os outros e viver no mundo. São como esponjas que vão absorvendo tudo, o que pode, por vezes, ser uma concepção bastante constrangedora. É importante perceber que faz parte do ser humano não ser perfeito. Nossos filhos aprendem tanto com os erros que cometemos enquanto pais, como também cometendo os próprios erros. É importante admitir para seus filhos quando você incorre em um erro, de modo que eles possam ver que todos são humanos e que tudo vai estar bem se cometerem um erro, desde que peçam desculpas sinceras por isso. Crianças são grandes professores, elas refletem facilmente aquilo que vêem.

Nossa filha mais nova, Kenna, nos propiciou, bem cedo, uma oportunidade única de permitir que crescesse. Quando tinha seis anos de idade, ela tomou conhecimento de que a carne vinha de animais que já tinham estado vivos. Uma vez que tomou consciência disso, ela imediatamente se tornou vegetariana. Richard e eu reconhecemos que isso não era uma desculpa para escapar de comer certos alimentos de que ela não gostava, porque antes de tomar essa decisão, ela era a própria carnívora e devorava cachorros-quentes, bifes e toucinho defumado. Esta foi sua primeira decisão moral com base na compaixão e compreensão. Ela disse: "Mamãe, sinto os sentimentos dos animais. Não posso comê-los." Embora eu não ficasse particularmente entusiasmada, diante de uma perspectiva egoísta, porque nossa dieta familiar já era bastante complicada (Jazzy não podia comer trigo ou glúten devido a uma alergia e carne é um de seus únicos alimentos básicos; e Kenna não deveria comer muitos laticínios por causa da asma), eu sabia que precisava apoiá-la e incentivá-la. Eu tinha de reconhecer sua capacidade de fazer uma escolha pessoal e moral.

Como pais, andamos numa corda bamba. Se nos identificamos demais com nossos filhos e os tratamos como possessões, então ficamos tentados a colocar controles neles, coisa que não é saudável. É mais saudável estabelecer limites a partir dos quais eles possam fazer as escolhas e tomar decisões corretas. Algumas vezes eles farão as escolhas que você faria; outras, não. Tal como quando estavam aprendendo a andar e caíam ou batiam com a cabeça, você estava lá para consolá-los, mas não tinha condições de evitar cada acidente. O mesmo acontece à medida que vai deixando que seus filhos cresçam e façam suas escolhas baseadas nos próprios sistemas de valores.

Uma outra situação com a qual as mães devem ser cautelosas consiste em não projetar sobre as filhas as suas próprias imagens. Isto quer dizer, por exemplo, que não devem projetar sobre as filhas as questões relacionadas à sua imagem corporal, assim como devem manter-se distante dos muitos problemas que elas têm com as amigas delas. É muito tentador envolver-se em cada um dos conflitos, especialmente quando existem lágrimas e sentimentos feridos. É muito comum que as meninas se envolvam mais cedo em "probleminhas" com as amigas. Como mães, é nosso dever oferecer às nossas filhas algum tipo de ajuda, quando solicitada, que sirva de orientação, sem fazer dos assuntos delas os nossos assuntos. Lembre-se, também, de que sempre existem dois lados para todas as histórias, e as probabilidades de que sua filha seja anjo são de apenas noventa por cento. A experiência é algumas vezes nosso melhor mestre; nossos filhos aprendem tanto um com o outro a maneira de tratar as pessoas e de cultivar amizades duradouras como também o fazem ao nos observar.

Richard e eu percebemos que vamos enfrentar muitos desafios em nossa jornada como pais. Nossa medida de sucesso como pais vai se revelar diante do quanto fomos capazes de orientar bem nossos filhos, mas ao mesmo tempo compreendendo que muitas das escolhas que eles farão serão diferentes das que nós teríamos feito. Como adultos, eles levarão vida afora muito do que nós lhes ensinamos pelo exemplo, mas eles também deixarão para trás o que escolheram. Como indivíduos, distintos e independentes, eles se desenvolverão por conta própria até atingir o ponto alto de seu crescimento!

38
ESCREVA UMA CARTA E DESCUBRA A QUANTAS ANDA SEU CORAÇÃO

Você gostaria de saber em que pé anda seu relacionamento com sua mãe, seu pai, marido, sua melhor amiga, filha, filho ou irmã? Se fosse morrer amanhã, o que você diria para as pessoas mais importantes de sua vida? Experimente esta estratégia para descobrir como andam suas relações com as pessoas com que mais se importa. Sente-se e escreva uma carta ditada pela sinceridade.

Não escreva esta carta com a intenção de enviá-la pelo correio ou entregá-la pessoalmente ao destinatário. Desta forma, você pode escrever o que lhe der na cabeça sem se preocupar em como vai ser recebida. Faça este exercício quando sua mente estiver tranqüila e propensa à reflexão.

Quando terminar de escrever, leia a carta, prestando atenção ao tom que empregou. Você estava se desculpando? Ao escrever estava imbuída de sentimentos de amor e compaixão? Estava zangada e ressentida? Agradeceu à pessoa pelo que ela trouxe para sua vida? Falou de arrependimento ou realização?

A melhor parte desta estratégia reside no fato de que, uma vez determinado se seu relacionamento está intacto ou não, nunca é tarde demais para fazer mudanças! Adote como padrão que, sempre que houver algo a ser modificado, e você puder fazê-lo, siga em frente e faça essa mudança.

Se o tom era de alguém procurando se justificar, tome isso como sinal de que você está pronta para pedir desculpas. Não fique adiando tratar de uma ferida em alguém que você ama.

Se o tom de sua carta é de gratidão, aqueça-se na alegria contida na compreensão de que sua relação é plena. Se lhe parecer oportuno, talvez queira partilhar suas descobertas com essa pessoa especial. Não há nada melhor do que ouvir o quanto é amada e as boas coisas com que você contribuiu para a vida de outra pessoa.

Se na sua carta percebeu a existência de ressentimento, raiva e arrependimento, pergunte-se que pequenos passos você pode dar hoje para curar estes sentimentos. É bem provável que a outra pessoa também se sinta da mesma maneira. Ao se aproximar do fim de nossas vidas, nunca sentiremos remorsos por ter curado um relacionamento estendendo a mão para a outra pessoa e aceitando, pelo menos, a metade da responsabilidade pela amargura. Ao mostrar uma sincera mudança de atitude, você perceberá que a outra pessoa será receptiva, mesmo que não externe isso. Você vai colher a incrível recompensa emocional de saber que fez tudo que podia para curar este relacionamento.

Meu maior receio, ao recapitular o passado, é ter arrependimentos em relação, especialmente, às pessoas com quem partilhei minha vida. Que belo presente você pode se dar ao procurar melhorar seus relacionamentos antes que seja tarde demais! Experimente esta estratégia e descubra em que pé você se encontra. Ao refletir sobre o que escreveu, modifique o que for possível junto às pessoas com que você mais se importa. E, se quiser, vá em frente e ponha a carta no correio!

39

AGREGUE O NOVO
E RENUNCIE AO VELHO

Mulheres, por natureza, são colecionadoras. Quer você seja uma mãe que trabalhe fora ou não, somos nós, de modo geral, que arrebanhamos a comida que nossas famílias vão comer, adquirimos as roupas que vão vestir e os suprimentos para uma variedade de esportes e atividades familiares. Acrescente a isso o mobiliário, os pratos, panelas e tigelas, e o que quer de que necessitemos para organizar nossos lares. Algumas de nós levam isso tão a sério que compram praticamente qualquer coisa em que puderem pôr as mãos. Eu me posiciono entre as melhores colecionadoras; meu problema sempre foi me desfazer das coisas mais velhas.

Certamente não existe nenhuma mágica em trazer coisas para dentro de casa; a estratégia, então, consiste em lembrar-se de que para cada coisa nova que entra, você deve se desfazer de outra mais velha. Nas minhas visitas aos supermercados posso chegar a comprar, por vez, dez coisas novas de que minha família esteja precisando ou querendo. Se vou a um desses supermercados por semana (não incluindo qualquer outra compra que possa vir a fazer) e compro dez itens que não sejam alimentos, estarei trazendo para casa quarenta coisas novas a cada mês e quatrocentos e oitenta coisas novas a cada ano! Isto é um bocado de tralha e não inclui quaisquer dos presentes que são dados em aniversários e no Natal, nem tudo que cada um dos outros membros de minha família possa trazer. Nossas duas filhas já são ótimas "colecionadoras aprendizes". Richard abomina a desordem, portanto ele deixa por conta das mulheres da casa cerca de 99 por cento desta arte de colecionar coisas.

Nós também estamos ensinando às meninas esta estratégia de abrir mão de alguma coisa. Quando elas vão às lojas e compram uma roupa nova, ao voltar para casa escolhem algo no armário para dar a alguém. Isto é absolutamente necessário porque já atingimos o limite máximo de armazenamento e não temos mais espaço nos armários.

Já reparou que a maioria das casas mais antigas (como a nossa), bem como a maioria dos apartamentos que não são tão novos, não eram construídos com armários tão grandes? Acho que isso acontecia porque, naquela época, as pessoas costumavam comprar somente aquilo de que precisavam, ao passo que hoje em dia são vítimas da doença do "quero mais", que se tornou o foco de nossa sociedade. Em vez de ter aquilo de que precisamos, nós temos três em cores diferentes!

Muitos anos atrás, as pessoas pagavam à vista pelas coisas que compravam. O frenesi do cartão de crédito, que decolou nos anos 80, trouxe muitas lições para uma porção de pessoas. A mim, ensinou a ver a armadilha que era comprar algo a crédito. Você se sente como um hamster correndo desabalado sobre a rodinha, tentando pagar as coisas! Eu sou uma parceira de custo de manutenção bem baixo, se não se levar em consideração a conta de meu cartão de crédito! De qualquer forma, eu bem que aprendi minha lição em relação aos cartões de crédito.

É importante que você desenvolva critérios próprios para jogar fora a tralha de que não vai precisar mais. Se está fazendo uma limpa em seu guarda-roupas, por exemplo, procure resolver as coisas com antecedência e estabeleça regras básicas pelas quais irá se pautar. Se você não tiver usado algo por seis meses ou desde a última estação, jogue a peça na pilha de roupas a serem doadas. Gosto de doar minhas roupas para nosso abrigo local de mulheres maltratadas, onde sei que serão apreciadas e bem aproveitadas. Leva menos tempo do que tentar vender as peças em consignação e dá uma sensação boa saber que se está ajudando alguém que realmente necessita.

40

PARE DE NADAR CONTRA A CORRENTEZA

❦❦❦

Na minha infância, passada na região noroeste da costa do Pacífico, costumávamos observar os salmões nadar rio acima, contra a correnteza. Era um dos espetáculos mais bonitos e espantosos da natureza que já vira. Contudo, diferente do salmão, que precisa nadar rio acima para propagar a espécie, nós não apenas não precisamos gastar esse tipo de energia como, de fato, isto iria contrariar nossos interesses.

Você sabe que está nadando contra a correnteza quando percebe que está fazendo um tremendo esforço em algum setor de sua vida, sem obter o resultado final desejado, nem sequer estar se encaminhando para ele. Nadar contra a correnteza significa travar batalhas que não podemos vencer, não importa quais sejam nossos esforços, mesmo que tudo corra conforme o planejado! Em vez de se sentir inspirada e satisfeita com seus esforços, você se sente incrivelmente arrasada. Tem vontade de gritar: "Eu não posso mais fazer isso!"

Discutir é um outro meio que escolhemos às vezes para nadar contra a correnteza. Certamente não há nada de mal em discutir pontos de vista diferentes – digamos, como em política – desde que você se mantenha distanciada do resultado (isto é, se seu objetivo final for continuar feliz e em paz). Talvez seja útil lembrar-se, contudo, de que existem certos assuntos, como religião ou política, em que duas pessoas jamais verão a questão sob o mesmo ponto de vista. Tentar partilhar sua experiência e esperar concordância da pessoa errada pode fazer com que você se sinta um pouco como se estivesse discutindo física quântica com uma criança de dois anos de idade. Pessoalmente, eu preferiria ouvir, com o devido respeito e um senso de humor neutro, alguém que tem um ponto de vista contrário, a engrenar numa conversa que fará com que minha pressão arterial suba.

Para nossa felicidade, a tendência de nadar contra a correnteza é totalmente reversível. Fazer isso é, freqüentemente, tão fácil quanto admitir com humildade que você está se esforçando demais. Humildade e reconhecimento do problema produzem um efeito tranqüilizante sobre o espírito, que permite que você reavalie sua atitude e faça pequenos ajustes nela. Da próxima vez que você achar que está nadando contra a maré, considere a possibilidade de fazer algumas modificações que a coloquem numa direção mais suave. O resultado disso será similar ao de dar meia-volta nas corredeiras e deslizar, facilmente, rio abaixo.

41

NÃO SEJA PALPITEIRA

❦❦❦

Existem poucas coisas mais irritantes do que ter alguém sentado no banco de trás de seu carro disparando instruções enquanto você dirige. A não ser que o aviso seja realmente necessário, como no caso de uma emergência ou de algo que o motorista realmente não tinha visto, dirigir orientada pelo "banco de trás" é sempre uma intromissão inoportuna.

Curiosamente, o mesmo pode ser dito da "vida palpitada", quando isso significa que uma pessoa está tentando viver a vida de outra ou alguém está vivendo sua vida indiretamente através de outra pessoa. O exemplo clássico desta dinâmica é um pai que sempre quis ser um grande atleta ou músico, mas que não pôde concretizar esse sonho. Então agora, como pai, ele força os filhos para que se tornem profissionais nestas áreas e leva esse empenho ao exagero. Sua auto-estima fica na dependência do sucesso ou insucesso dos filhos.

A vida palpitada é algo altamente estressante. Não apenas distancia as pessoas cujas vidas você está tentando influenciar, e acaba por aliená-las, como também eleva incrivelmente os níveis de desapontamento e estresse que decorrem das coisas sobre as quais você não tem controle. Já não é fácil conservar a calma quando seu modo de jogar tênis precisa de aperfeiçoamento, mas passa a ser impossível controlar suas emoções se seu bem-estar estiver na dependência de seu filho ou sua filha ganhar o torneio ou de seu namorado ter a ambição que você acha que ele deveria ter! É claro que apoio e entusiasmo são assuntos inteiramente diferentes. Estou me referindo aqui a cruzar a linha para um território pouco saudável, um terreno no qual a outra pessoa se sente impelida, mas não aceita, e você se sente altamente estressada!

Para se livrar deste hábito é preciso ter, primeiramente, a humildade de admitir para você mesma que, por vezes, você se entrega a dar palpites na vida dos outros. Ao reconhecer que está desempenhando este papel, você estaria em condições de retroceder um passo e captar a totalidade do quadro maior. Uma vez que você se identificou como palpiteira (por assim dizer), o resto é fácil – basta inverter o jogo. Imagine como seria ter alguém tentando dirigir sua vida, sempre espiando por cima de seu ombro, oferecendo conselhos que não foram pedidos, julgando suas ações, manifestando desapontamento e reprovação e assim por diante. Uma vez que consiga imaginar estas coisas acontecendo com você, fica fácil de ver como isto pode ser desagradável. Assim sendo, você poderia aprender a ter mais compaixão e deixar de ser palpiteira.

Um dos maiores presentes que você pode oferecer às pessoas que ama é fazer com que saibam, sem sombra de dúvida, que você as ama e as aceita, exatamente como elas são. Elas não precisam passar por uma reforma, ou serem diferentes, ou aceitar seu conselho – você simplesmente as ama. É confortante saber que em nossas vidas existem pessoas que confiam em nós, pessoas que demonstram, pelas suas ações, que acreditam e têm fé em nós.

A vida é uma dádiva mágica, algo a ser cultivado como preciosidade. Talvez devêssemos permitir que os outros apreciassem esta dádiva sem o fardo de nossos palpites. Ao abandonar este hábito estaríamos dando um presente para aqueles a quem amamos. E também a nós mesmas.

42

CULTIVE A BELEZA DE DENTRO PARA FORA

❦❦❦

Você já viu uma mulher vivaz e dinâmica que, com seu carisma e confiança, irradia luz e energia, mas quando você presta atenção em suas feições constata que ela não é realmente bonita no sentido tradicional de beleza? Sua beleza é, no entanto, do tipo mais magnético, porque se projeta de dentro para fora.

Trago sempre comigo a história do patinho feio que se transforma num belo cisne. O patinho feio e o cisne sempre foram uma única criatura. À medida que cresce e se desenvolve internamente, o patinho feio vai se transformando externamente num lindo e majestoso cisne.

Não somos nada diferentes à medida que, devido ao nosso desenvolvimento interno, tomamos conhecimento de quem somos internamente. A transformação que ocorre nas mulheres que compreenderam a ligação mente-corpo-espírito é similar à transformação do patinho feio. Não importa quais sejam suas características físicas, quando se encontra internamente feliz e ligada a seu espírito, você se ilumina de dentro para fora com um brilho tão fantástico que chega a resplandecer a partir da alma.

Quando as revistas e programas de entrevistas apresentam mulheres retocadas que podem ser classificadas numa escala que vai de "insípida a deslumbrante", eu sempre me pergunto – por que não experimentar uma técnica de retoque que seja trabalhada de dentro para fora para verificar se vai produzir resultados semelhantes? É possível que estas mulheres "reformadas" tenham uma aparência melhor porque sentem-se bem consigo mesmas. Claro, um novo corte de cabelo e um guarda-roupa atualizado vão lhe render uma ótima aparência, mas também operam milagres em seu estado de espírito. Se você pegou uma mulher que estava esfrangalhada, insegura e infeliz e ensinou alguns truques para ajudá-la a se sentir tranqüila, feliz e em paz, com uma atitude mais serena, certamente ela também vai ficar mais bonita!

Não existe pessoa neste planeta que não seja bonita enquanto estiver sorrindo e se sentindo realmente feliz. A verdadeira beleza acontece de dentro para fora e vai atrair as outras pessoas como se fosse um ímã. Quando você está ligada a seu espírito, saberá o que a nutre e o que não o faz. Assim como uma flor só é bonita enquanto estiver ligada a sua fonte de vida, cada célula de seu corpo sente sua paz interna em virtude desta ligação e vai irradiar saúde. Quando a flor é separada de sua fonte de vida, ela murcha e morre; e nós não somos diferentes. Muito antes de morrermos, é possível que murchemos pela falta de ligação com nosso espírito.

Mulheres que se encontram em paz consigo mesmas, e são felizes, também se tornam mais atraentes para seus parceiros. Através deste elevado sentido do Eu, tais mulheres desenvolveram uma aceitação maior de seus corpos, o que as torna extremamente atraentes para a maioria dos homens. A maioria dos homens saudáveis perde o interesse pelas mulheres que se mostram inseguras, mesmo que elas pareçam maravilhosas. E não há nada mais repelente, ou que seja menos *sexy*, do que uma mulher que, abençoada com uma tremenda beleza externa, revela um comportamento vergonhoso!

Cultivar esse tipo de beleza interna requer prática e disciplina. Você deve despender algum tempo sozinha com seu Eu. Mulheres de todas as idades que meditam e fazem ioga com freqüência aparentam menos idade. Elas brilham com um fulgor juvenil, e seus olhos vibram com intensidade.

Existem inúmeros outros meios de cultivar a beleza de dentro para fora: um tempinho dedicado ao silêncio, a cantar, uma prece feita ao crepúsculo, tudo isso pode ligá-la a seu espírito. A disciplina consiste em dedicar um pouco de seu tempo, a cada dia, a um tipo de quietude – para silenciar o tagarelar da mente e serená-la.

A verdade é que somos, ao mesmo tempo, patinhos feios e lindos cisnes. À medida que você acalenta a ligação entre mente, corpo e espírito, você irradiará a paz e a alegria que sente internamente e vai se transformar, de dentro para fora, naquele lindo cisne.

43

MEU JEITO NÃO É *O* JEITO — É APENAS *MEU* JEITO

🍃🍃🍃

Como mulheres não somos, fisicamente, exemplares únicos ou especiais; somos variações da mesma matéria básica. O que nos põe numa categoria à parte, no entanto, é o filtro pelo qual vemos o mundo e interpretamos os acontecimentos. Resumindo, percebemos as coisas não somente por intermédio de nossos sentidos, mas também pela interpretação deles. E esta interpretação forma-se a partir do que apreendemos pelas lentes de nossa visão, da qual não existem outros pares iguais.

Nossa visão, ou interpretação dos acontecimentos, é que dita nossa realidade. Num relacionamento, nossas interpretações se chocam com as interpretações dos outros e por vezes podem discordar totalmente. No meio deste conflito, ou destas colisões, é útil lembrar-se de que: "Meu jeito não é *o* jeito; é apenas meu jeito." Embora você possa se sentir compelida a prosseguir em seu conflito, a compreensão desta afirmação, e sua repetida enunciação para você mesma, vai dotá-la de enorme humildade e compaixão.

À medida que você diz para si mesma "meu jeito não é *o* jeito; é apenas meu jeito", sua determinação em estar sempre "certa" ou com a razão, a todo custo, deve sofrer uma redução substancial. Observe por exemplo, todas as pessoas que lhe são mais chegadas: seu marido, namorado, irmã ou irmão, seus filhos, sua mãe e seu pai. Ainda que, na maioria das vezes, vocês acabem concordando, eventualmente isso não acontece porque cada pessoa apóia seu ponto de vista a partir de seu sistema individual de filtragem. Isto pode ser observado quando irmãos de sangue se reúnem para falar do modo como foram criados, mas têm histórias muito diferentes para contar. Com freqüência, ficamos surpresos ao ficar sabendo que estas duas pessoas foram criadas juntas na mesma casa!

Mary e Susan, que são irmãs, sustentam há tempos uma discussão que diz respeito à responsabilidade que cabe aos pais na decisão de um assunto de suma importância. Mary, que se considera muito lida e uma experiente mãe de dois filhos, acha que a cama familiar (na qual, à noite, as crianças dormem com os pais) é danosa tanto para os filhos como para o relacionamento do casal. Ela leu diversos artigos sobre o assunto que validam sua posição e discutiu o caso com amigas, pediatras e outras pessoas que concordam com seu ponto de vista.

Susan discorda veementemente. Tanto assim que ela acredita que Mary não está educando e criando os filhos com amor suficiente. Como mãe de uma criança recém-nascida, ela crê que a tarefa dos pais é um trabalho de 24 horas e que qualquer um que discorde de sua posição não se empenha pelos filhos nem por eles nutre um verdadeiro amor. Os artigos que ela leu sustentam sua posição de que o caso de *não* ter uma cama familiar é um ato de egoísmo que resulta em danos na criação dos filhos.

Agora, quem tem razão? Ambas têm bastante material para defender suas posições; ambas amam seus filhos igualmente;

ambas são boas mães. Estariam ambas com a razão se fossem levados em consideração seus respectivos pontos de vista?

Uma coisa é certa: se seu objetivo é criar um relacionamento melhor e viver em harmonia com as outras pessoas, é útil saber, antecipadamente, que embora seu modo possa funcionar maravilhosamente para você, as outras pessoas podem ver as coisas por um prisma diferente. Este modo mais humilde de abraçar pontos de vista não enfraquece suas convicções mas intensifica, simplesmente, sua compaixão assim como sua capacidade de fazer do conflito algo de caráter menos pessoal.

44

PARE DE AMPLIAR
OS DEFEITOS

Nós, mulheres, somos muito críticas e tendemos a julgar severamente umas às outras, como se isso fosse uma forma barata de entretenimento. Convidamos nossa amiga para deliciar-se com a história de como nossa colega de trabalho foi inepta e pôs tudo a perder durante a reunião. Repetimos histórias que depreciam. Criticamos pessoas por não se encaixarem no nosso padrão de perfeição. Olhamos com desprezo para as pessoas gordas ou que tenham problemas físicos e, além disso, nos desqualificamos com freqüência por não sermos "perfeitas". Na verdade, ostentamos nosso perfeccionismo como se fosse um distintivo de honra. Raramente ouvimos pessoas elogiando umas às outras, e certamente não veremos muitas manchetes de jornal que falem de amor. Nos dias de hoje, o amor, ao que parece, é uma das mais raras emoções.

A atitude da mãe de um recém-nascido que chama atenção para a erupção de pele do bebê, quando estou contemplando a pureza de suas feições, é uma coisa que me incomoda muito. Ampliar defeitos não é nada mais do que um hábito mental negativo. E, infelizmente, também é algo muito contagioso.

Precisamos tomar consciência do momento em que passamos

a exagerar nas críticas devido à acentuada proximidade da lupa. À medida que abrandamos as críticas e passamos a aceitar que tudo ocorre conforme o estabelecido, nossa tolerância conosco e com os outros vai aumentar. E seremos mais felizes.

Ontem, fui à academia e, no banheiro, ouvi duas senhoras que conversavam. Disse uma delas:

– Xi, você viu a Helen?

A outra respondeu:

– Vi, ela se casou há seis meses; ela era muito bonita.

– Isso pode parecer um pouco cruel, mas o que aconteceu? Talvez esta seja uma boa razão para não se casar.

Fiquei estarrecida com a audácia com que aquelas mulheres se atreviam a fazer comentários tão desairosos em um local público. Era uma ilustração perfeita de como medimos as outras pessoas com uma régua de perfeição enquanto, por outro lado, ampliamos seus defeitos. Quando fazemos este tipo de comentário e nos permitimos observações desta natureza, a coisa fala mais de como nos sentimos a respeito de nós mesmas, e de nossa óbvia baixa auto-estima, do que de como vemos as outras pessoas.

O mesmo pode ser dito quando se é demasiado crítica consigo mesma. Sempre fui muito severa comigo ao me julgar, e posso ver muito claramente quais as áreas que devo aperfeiçoar. Como exemplo, em vez de enfocar a minha devoção pela minha família e por tudo que faço, freqüentemente me surpreendo suspirando pelas áreas nas quais sinto que sou deficiente. Aprendi que o único lugar a que este tipo de pensamento vai me levar é o buraco. Ao me surpreender envolvida neste tipo de pensamento, posso fazer com que minha atenção se volte para tudo que faço, e não para tudo aquilo que não faço.

Para uma perfeccionista, a culpa é uma emoção familiar. Diga adeus à ampliação de seus defeitos e você estará dizendo adeus a algumas culpas que não se justificam. Ao se tornar uma perfeccionista reformada, você conquista uma grande liberdade e passa a perceber que a "perfeição" não existe neste mundo!

45

COMEMORE NOSSA CAPACIDADE DE DAR À LUZ

❦ ❦ ❦

São tantos os aspectos que cercam o milagre do parto que, diante deles, só podemos nos maravilhar. Cada etapa do desenvolvimento é de tirar o fôlego: a concepção, as batidas do coração do feto, o acompanhamento, pelo aparelho de ultra-som, do bebê que cresce dentro de você, a passagem pelo canal vaginal e, finalmente, o aninhar daquela criança, inteira e linda, ao peito. Há tanto para comemorar!

Na condição de mulheres, somos realmente abençoadas com a incrível tarefa de dar à luz. É o que nos faz verdadeiramente incomparáveis e inestimáveis para a sobrevivência da espécie humana. Uma vez postos de lado os receios, a produção de uma criança dentro de nós é uma experiência que nos enriquece espiritualmente. É também um processo que deixa a maioria dos pais embasbacados diante da força exibida por suas parceiras, e demonstra a nós, mulheres, o quanto somos poderosas. É um milagre que se constata toda vez que uma nova vida desponta neste planeta. É lamentável que não façam disso, a cada vez que acontece, notícia de primeira página!

Antes do nascimento de nossa primeira filha, Jazzy, eu assisti a um vídeo de uma mulher dando à luz à moda tradicional entre os índios Huichole, do México. Depois de ouvir tantas histórias de horror, esse vídeo me fez ver o processo de nascimento a partir de uma perspectiva diferente, o que, por sua vez, me ajudou a perder o medo. A índia do vídeo fez do processo de dar à luz uma festa, tanto para a mãe como para a criança. Essa não é uma filosofia que aprendi no curso do médico francês Dr. Lamaze!

Assisti à mulher vencer as etapas do processo de nascimento num ambiente natural e doméstico, cercada por todas as mulheres que, em sua vida, lhe eram especiais. À medida que suas contrações aumentavam de intensidade e ela se aproximava do momento de transição (último estágio do processo de parto), em vez de se contorcer em dores ela entoava canções para festejar a chegada de seu bebê. As mulheres à sua volta cantavam com ela e lhe faziam massagens nas costas, ajudando a prepará-la para o esforço de expulsão. Ela ficou de pé quando a criança desceu pelo canal vaginal, e todas as mulheres presentes comemoraram o evento com alegria.

O vídeo ajudou-me a compreender que o processo de nascimento não é algo para se ter medo. Muito pelo contrário, quando você inicia o trabalho de parto tendo a mente relaxada, confiando que seu corpo sabe como fazer para parir – mesmo que sua mente não saiba – você vai achar condições de relaxar durante os períodos que muitos descrevem como de dor insuportável. Naturalmente, existirão momentos desconfortáveis e dolorosos durante o processo, mas sua capacidade de encarar o parto como algo a ser festejado vai ajudá-la a superar até os momentos de dor mais intensa. À medida que a intensidade da dor aumenta, você estará cada vez mais próxima do momento de ter o bebê em seus braços.

Espero que você passe muitos momentos refletindo sobre sua própria experiência como parturiente e maravilhando-se de como é realmente surpreendente este dom, esta capacidade, de poder dar à luz. Comemore isto com as outras mães e extasie-se com este milagre que seu corpo pode concretizar. Se ainda não viveu esta experiência, espero que tudo que foi aqui relatado lhe sirva de fonte de inspiração quando você finalmente engravidar e der à luz seu bebê, apesar das muitas histórias assustadoras que você possa ouvir. E se você não pode parir, ou optou por não engravidar, ainda assim espero que fique maravilhada com o milagre e se junte às comemorações.

46

SAIBA MEDITAR E ACALME A MENTE

❦ ❦ ❦

A mente tranqüila é nossa melhor ferramenta para chegar à introspeção. Como disse Platão: "Uma vida que não foi revista não é uma vida que tenha significado." Na vida, o verdadeiro significado vem da compreensão de sua própria natureza e do aprendizado que leva a aceitar todos aspectos de si mesmo. Mediante um exame tranqüilo, podemos começar a construir uma ponte que ligue nosso inconsciente, do qual não estamos plenamente conscientes, ao nosso consciente, e com isso revelar-nos quem realmente somos internamente.

Se não estiver acostumada aos benefícios que decorrem da meditação, deixe-me exemplificar o que seja uma mente tranqüila usando, para tanto, um referencial com que a maioria das pessoas pode se relacionar. A sensação transmitida pela mente tranqüila assemelha-se bastante ao que se sente quando se fica extasiado ao assistir a um pôr-do-sol hipnótico. À medida que o sol vai se pondo, e você se encontra sempre presente naquele momento, a impressão que tem é como se o tempo tivesse parado. Enquanto o sol desce abaixo da linha do horizonte, o momento aparenta ser mais duradouro do que de costume. Esta sensação é semelhante à da mente tranqüila. Neste espaço são recebidos os seus pensamentos mais criativos, inspirados e reflexivos. É o que os atletas, artistas, músicos e escritores chamam de "estar alinhado com o fluxo". De posse de uma mente tranqüila, você sintoniza o momento com sua presença integral.

Uma mente tranqüila é uma incrível fonte de criatividade. É como se as idéias, soluções e sabedoria fossem capazes de ser filtradas e desenvolvidas. Livres do "tagarelar" interno e do ruído que freqüentemente se faz presente na mente, nossa mais profunda sabedoria tem oportunidade de aflorar. A vida parece tão mais fácil de ser administrada – e tanto mais calma – quando se deixa a mente descansar, se acomodar e tornar-se pacífica.

Entre outros benefícios, a meditação propicia a estabilidade emocional, o aumento de intuição, da orientação interna e uma sensação de bem-estar. Quando medito (15 a trinta minutos, todas as manhãs), levo comigo, durante o dia todo, uma sensação de tranqüilidade. Fico mais sintonizada com o que me cerca, mais capaz de ouvir o que as outras pessoas estão falando, menos inclinada a descontroles com minhas filhas e meu marido, mais apta para discernir as prioridades e tomar decisões. Uma coisa é certa – eu faço menos tempestade em copo d'água!

Quando medito, também sinto como se a vida parecesse mais mágica ainda do que na verdade é. Tranqüilizar a mente diminui seu ritmo interno, o que, por sua vez, permite que a mente fique aguçada e tome conhecimento de tudo que acontece à sua volta com percepção ampliada.

A meditação é uma ferramenta maravilhosa que vai realçar tremendamente sua vida. A meditação constrói a ponte que liga a mente ao corpo e ao espírito. Sugiro que a experimente com a ajuda de um gravador e uma fita, com a leitura de um livro ou, melhor ainda, inscrevendo-se em um curso de meditação. Não importa qual a maneira que escolheu para meditar, logo descobrirá qual o tipo com que se sente melhor. À medida que vai incorporando na sua rotina diária uma das formas de meditação e/ou modo de tranqüilizar a mente, você também vai experimentar a paz que resulta de estar em contato com a própria essência de seu ser. Sua vida nunca mais será a mesma!

47

VÁ FUNDO E DESABAFE (UMA VEZ SÓ)

🌿🌿🌿

Eu não sei como as coisas se passam com você, mas quando eu fico realmente incomodada com alguma coisa, minha tendência é desabafar – não uma, mas muitas vezes. Repito a mesma história de novo e de novo. Eu já me peguei contando um caso a uma amiga – e então a outra, e ainda a outra – até eu ficar sem amigas para contar. Então, provavelmente, eu recomeçaria com a amiga número 1, até que ela, gentilmente, me lembrasse de que eu já lhe havia contado a história. Desabafar se torna um espécie de esporte, alguma coisa que fazemos para nos entreter, para passar o tempo e nos convencer de que estamos justificadas em nosso aborrecimento pelo que quer que esteja nos incomodando.

Ao analisar meus próprios sentimentos e também os dos outros, tornou-se claro para mim, entretanto, que o "desabafo repetitivo" destrói qualquer dos aspectos potencialmente positivos do processo. Enquanto *uma* sessão de "desabafo" pode ser útil, até curativa, a repetição só a bloqueia e provoca estresse. O desabafo repetitivo serve para alimentar nosso modo de pensar do tipo "hamster-correndo-na-rodinha", e, em vez de sentirmos alívio, fomentamos mais raiva e frustração por conservar vivos nossos pensamentos mais estressantes. As coisas que nos incomodam são alimentadas pela atenção que lhes dedicamos; o desabafo é a trilha perfeita para nos "entupir" com nossos problemas.

Assim como nós não esfregaríamos sal intencionalmente numa ferida aberta, se somos forçados a desabafar (o que deveria ser feito apenas para obter uma visão interior), tente fazer isso com uma pessoa, uma vez apenas, e depois deixe isso para lá.

Não há dúvida de que o desabafo pode afetar seu casamento de modo adverso. Tudo bem que você fale uma vez das coisas que a incomodam, mas fazer isso repetidas vezes só serve para deixá-la aborrecida e concentra sua atenção naquilo que está errado na sua vida. Aprendi que o desabafo repetido é uma indicação segura de que estou de baixo-astral, e que lamentar-se com outra pessoa, que também está se sentindo por baixo, certamente vai me levar mais para o buraco ainda! O modo mais eficaz de se sentir melhor não é desabafar ainda mais e sim deixar estes assuntos um pouco de lado – é dar um tempo. Tenha certeza de que eles ainda estarão lá amanhã, se forem assuntos importantes, só que você estará se sentindo melhor e em condições de lidar com eles de forma mais razoável.

Vá em frente e conceda-se, uma única vez, o direito de desabafar com outra pessoa. Desabafe e sinta-se bem por assim ter feito. Mas tente se controlar quando estiver exagerando. Veja se consegue resistir à tentação de mergulhar em sentimentos negativos, que é precisamente o que acontece quando você fica desabafando sem parar os mesmos pensamentos. Suponho que você sentirá uma profunda diferença logo na primeira vez em que se surpreender evitando aquela tentação. Boa sorte.

48

ESTABELEÇA
SUAS PRIORIDADES

❦❦❦

Vivemos na era do "tenho que manter o passo a todo custo, tenho que seguir em frente". Então, você continua acompanhando o rebanho como uma ovelha, só pelo medo irracional de não conseguir manter o passo? Ou você pensa no tipo de vida que realmente gostaria de ter e aí estabelece suas prioridades? Meu voto vai para: estabelecer suas prioridades.

Assumir algo só para igualar a pressão parece ser um tanto ridículo, principalmente depois do período de adolescência e faculdade, mas muitas de nós fazemos exatamente isso sem plena consciência do fato. Raramente definimos o que realmente queremos ou nos colocamos a pergunta: "Por que quero isso?" Mantemo-nos apenas atarefadas adicionando mais, mais e mais à nossa já extensa rotina diária. Como mães, nos queixamos da condição de sermos as motoristas de nossos filhos e gastamos horas sem fim transportando-os de uma atividade para outra. No entanto, somos nós que detemos o controle da programação. Quanto tempo, em termos de "qualidade", estamos realmente dedicando à família, no lar?

Na maior parte do tempo, se formos honestas conosco, estamos inscrevendo nossos filhos em incontáveis atividades e alicerçando muitas de nossas prioridades no que acontece à nossa volta. Se nossos filhos não estiverem fazendo as mesmas coisas que as outras crianças, fazemos, cheias de receios, a seguinte leitura: "Meus filhos não estarão à altura. Eles não terão as mesmas oportunidades que as outras crianças de sua idade. Eu não serei uma boa mãe se não os mantiver ocupados." Realmente, tudo que estamos garantindo com este ritmo frenético é que nossos filhos futuramente também adotem esta filosofia, por hábito, e pode ter certeza de que o farão de modo ampliado. Mais, mais, mais correria. Muito provavelmente essas crianças mal se recordarão da infância, porque esta vai se constituir apenas num borrão.

O que aconteceu com o lazer? Quantas crianças ainda correm pelos campos e caçam borboletas, prensam flores em livros e brincam com amigos imaginários? A resposta para a pergunta "quais são suas prioridades?" é pessoal. Você quer dar prioridade à correria que leva de uma atividade como o esporte e a aula de dança, para outra atividade, ou acha que uma atividade por criança, por trimestre, já é suficiente?

Outra coisa que observei na minha comunidade: a pressão que invade os pais para se assegurar de que seus filhos estejam situados dentro dos padrões educacionais. Quero saber quem resolveu que, nos dias de hoje, os alunos da quinta série devem fazer deveres de casa que nós só fazíamos na sétima série? O grau de dificuldade e o número de horas gastas no dever de casa da quinta série de Jazzy, no ano passado, fundiu minha cuca. E o que mais me chocou foram os pais que disseram que isso não era o bastante. Um dia eu perguntei a Jazzy, que na ocasião tinha dez anos: "Por que você não vai brincar lá fora?" Ela respondeu, frustrada: "Mamãe, eu tenho muito dever de casa hoje – eu não posso ser mais criança!" Puxa, não é que as crianças põem o dedo exatamente na ferida?

Enquanto, por um lado, eu quero que minhas filhas façam na escola o que delas é esperado porque isto as ensina a ser responsáveis, por outro lado questiono muito o volume de dever de casa que lhes passam. Como disse em outro capítulo, a infância é passageira e nós só temos uma oportunidade de cultivar aquelas lembranças que serão especiais para nossos filhos. Eu quero que minhas filhas cresçam e digam: "Ser criança foi legal, não é?"

Descubra, portanto, quais são suas verdadeiras prioridades e se agarre fielmente a elas. Você precisa se perguntar, com freqüência, e à sua família, o seguinte: "Estamos exagerando? As atividades que estamos escolhendo estão nos beneficiando – ou estão nos sobrecarregando? Será que nossos filhos estão sendo submetidos a pressões excessivas? Será que estamos sob demasiada pressão?"

Estabeleça suas prioridades; contemple e avalie a maneira como está vivendo sua vida. Viva a vida da maneira que você escolher, a partir de sua própria tabela de valores. Pare de sair correndo por aí simplesmente porque tem que "manter o passo, tem que seguir em frente". Ao abandonar esta atitude, você vai se livrar do fardo que pesa sobre seus ombros e ainda vai apurar um bom lucro em termos do que lhe é inerente!

49

NÃO TROPECE NO EXCESSO DE BAGAGEM

❦❦❦

Nós todas já tiramos férias e saímos por aí arrastando um monte de malas que acabaram interferindo no prazer do evento. Arrumamos as malas com tanta coisa que, além de ficarem pesadas demais, não conseguimos encontrar no seu interior nada que estejamos procurando. Acabamos tropeçando em nosso excesso de bagagem! Juramos, é claro, que nunca mais faremos isso. Mas geralmente acabamos repetindo a mesma coisa e na vez seguinte cometemos os mesmos erros. Cada novo período de férias vem acompanhado da esperança, medo ou fantasia de que "realmente vamos precisar disso desta vez".

Sua bagagem emocional pode igualmente significar um estorvo. A não ser que você a encare como um "excesso", e algo que não precisa sair arrastando por aí. Uma dose de humildade e a repetição de alguns lembretes podem contribuir muito para que você se livre destes fardos emocionais.

A grande maioria das mulheres necessita de uma certa quantidade de "bagagem" material. A título de exemplo, você poderia considerar seu carro uma bagagem necessária, se é que tem sorte de possuir um. Para muitas pessoas, entre elas eu mesma, um carro é, de fato, necessário. Mas, junto com o carro, vêm os respectivos estorvos – pagamentos, manutenção, cuidados e limpeza, verificação dos filtros de ar poluído, consertos e todo o resto. A maioria das mulheres não ia querer 10 carros, mesmo tendo condições de comprá-los – os estorvos e o tempo que consumiriam nos levariam à loucura! Uma porção de "coisas" é assim. Uma determinada quantidade é legal, mas o excesso resulta em mais estorvos do que benefícios. Você pode acabar tendo todo o seu tempo comprometido cuidando daquelas coisas que, a princípio, deveriam lhe proporcionar prazer.

É claro que também existe a inevitável bagagem emocional. Somos todas descendentes de famílias, e nenhuma família é perfeita. Já passamos por dificuldades e experimentamos limitações. Possuímos uma personalidade e algumas manias. A maioria já sofreu algum tipo de dor e pesar. Não importa o que aconteça, precisamos dar conta de um conjunto de circunstâncias e de um certo volume de responsabilidade. Isso faz parte do jogo; ninguém escapa.

Mas existe o "excesso" de bagagem emocional – coisas como guardar rancor ou ressentimentos, antecipar ou imaginar problemas que talvez nem existam, distorcer muito as coisas, a tendência de exagerar, instantaneamente, na reação, lastimar-se demais, fixar-se no que está errado em detrimento do que está certo, fazer tempestade em copo d'água e assim por diante. Estas coisas e outras parecidas nos levam à beira do precipício e nos fazem tropeçar. Quando saímos por aí arrastando uma bagagem emocional de que não precisamos mais, estamos, na verdade, vivendo no passado.

É como se a gente continuasse a ver a vida através de um filtro de luz envelhecido e turvo, reportando-nos sempre a esses momentos que já passaram, esperando que as atuais experiências sejam iguais. Enquanto estivermos vendo a vida a partir de uma orientação passada, deixamos de ter uma perspectiva e uma visão renovada das coisas como elas realmente são. Esperamos que as coisas sejam de uma certa forma, e isso será só o que veremos.

Acredito que a maioria das mulheres é extraordinariamente forte e pode dar conta de quase tudo que aparece em seu caminho. Mas é essa coisa auto-induzida e esses probleminhas de que são feitos os nossos dias que algumas vezes atrapalham e fazem da vida algo difícil de administrar.

Do mesmo modo que a arrumação de uma mala menor e mais leve resulta em um tremendo alívio para qualquer viagem, mais leve vai ficar a carga emocional quando se elimina qualquer dos excessos que a fazem tropeçar nas suas emoções. Sugiro que abra sua mala emocional para dar uma espiada. Você é capaz de achar algumas coisas de que não precisa mais.

50
O CERTO É VIAJAR COM POUCA BAGAGEM

❦❦❦

Agora que já falamos do excesso de bagagem emocional, acho que seria divertido discutir o outro tipo, o literal. Você resolveu viajar para se divertir! O que não é nada divertido é tropeçar em seu excesso de bagagem, no sentido literal, por levar com você muito mais do que precisa. Você gasta um bocado de energia carregando suas malas e é muito frustrante perceber, ao fim de suas férias, que não chegou a usar a metade do que saiu arrastando por aí.

Eu adoro viajar, mas detesto arrumar as malas. Todas as vezes fico diante do armário, matutando o que acho que vou precisar nesta viagem. Reconheço que viajar com pouca bagagem não é meu forte. Na verdade, sempre que saio de férias percebo que não consegui meu objetivo de viajar com pouca bagagem ao me ver diante de uma mala abarrotada. Sou sempre dominada pelas minhas opções e gostaria de delegar esta tarefa para outra pessoa.

Portanto, diante do fato de eu não ser nenhuma especialista em viajar com pouca bagagem, achei que poderíamos obter algumas dicas de minha boa amiga Betty Norrie, que é representante da Coleção Worth e consultora de moda feminina. Ela é uma viajante tarimbada que sabe o que é preciso para viajar com pouca bagagem.

Seguem-se as dicas de Betty:

- Espalhe as roupas o máximo possível; encha os cantos com peças de roupa.
- Cubra cada item ou coloque-o dentro de um saco plástico, desses de tinturaria; nada estará amarrotado quando você chegar ao destino.
- Enfie meias e coisas pequenas nos cantos da mala ou então dentro de sapatos e bolsas de toalete; não enrole os cintos; acomode-os ao longo do perímetro interno da mala.
- Para arrumar uma mochila: enrole os itens verticalmente de modo que os possa ver; desta forma você não terá que arrumar tudo novamente a cada vez que tirar alguma coisa.
- Amarre cordões de sapatos, de cores vivas, nas alças da bagagem para identificá-la; assim ninguém pegará sua mala por engano.

Usamos uma viagem para a Europa como referência para o exemplo que segue; mas você também poderia arrumar as malas da mesma maneira se o destino fosse qualquer cidade dos EUA. O Havaí, as Bahamas e outros lugares ensolarados requerem um planejamento um pouco diferente, mas você pode seguir as mesmas linhas gerais para facilitar a arrumação das malas.

Visando organizar pouca bagagem para uma viagem à Europa (de uma a quatro semanas), sugere-se levar:

- Uma camisola leve, fácil de lavar
- Duas calças compridas pretas
- Uma jeans de cor cáqui escuro ou similar

- Duas camisetas brancas, fáceis de lavar
- Duas camisetas coloridas, fáceis de lavar
- Um vestido preto de fácil arrumação na mala
- Xale ou jaqueta preta
- Uma bermuda ou saia midi
- Uma blusa elegante ou suéter
- De três a quatro lenços coloridos que funcionem como complementos para roupa preta
- Uma bolsa de toalete, pequena, preta, macia e chata
- Calcinhas suficientes para uma semana pelo menos (podem ser lavadas, com um pouquinho de xampu, nas pias dos banheiros dos hotéis)
- Meias de náilon e soquetes
- Um par de sapatos sociais, pretos
- Dois pares de sapatos pretos, informais
- Se pratica *jogging*, leve também este tipo de roupa, duas camisetas, um par de tênis para caminhadas (embrulhados num saco de plástico)
- Simplifique a maquiagem e acondicione os produtos de cabelo e pele em embalagens para viagem (certifique-se de que estejam embrulhados separadamente das roupas para prevenir vazamentos)
- O menor secador que puder encontrar (e não esqueça de levar, também, um adaptador de tomadas)
- Leve uma sacola pequena e macia, enfiada na bolsa externa da mala, para acomodar eventuais suvenires e outras lembranças

Para a viagem de avião:

- Vista uma roupa confortável, mas elegante.
- Vista ou carregue seu casaco.
- Mantenha sempre com você suas coisas de valor: carteira, passaporte, cartões de crédito, jóias.
- Se não puder embarcar na cabina com todas as malas, separe uma maleta de mão com uma muda de roupa para a eventualidade de você chegar ao destino antes de sua bagagem.
- Leve uma sacolinha contendo tudo a que teria direito se estivesse viajando de primeira classe: máscara contra a luz, meias soquetes extra, escova e pasta de dentes, manteiga de cacau, tampões para ouvidos.
- Leve travesseiro inflável para o pescoço.
- Leve um bom livro.
- Leve uma garrafa extra de água (beba pelo menos um copo a cada hora).
- Coma uma banana – o potássio ajuda a minimizar o efeito causado pela diferença de fusos horários.

Dicas para viagem:

- Escolha sempre uma mala equipada com rodinhas cujo funcionamento tenha sido previamente verificado!
- Se você for viciada em cafezinhos, leve uma maquininha de fazer café para evitar astronômicas contas de serviços de quarto.
- Para melhor lidar com as mudanças de fusos horários, procure engrenar logo no horário do país para o qual viajou.

Por exemplo, se você chega na Europa pela manhã, fique acordada durante o dia de modo que esteja pronta para dormir quando as pessoas de lá também estiverem.
- Compre mapas das cidades que pretende visitar, antes de chegar lá. Amplie-os para que possa ver as esquinas de ruas e marque seus itinerários com antecedência.
- As máquinas fotográficas do tipo descartável são boas para tirar fotos instantâneas.

Esperamos que estas dicas contribuam para fazer da arrumação das malas uma tarefa mais amena. Faça uma boa viagem, sem tropeçar naquilo que não precisa. Você certamente não vai querer ficar fazendo tempestade em copo d'água enquanto estiver de férias!

51
HAMSTER É QUE PATINA SEM SAIR DO LUGAR

❦❦❦

É imperativo que você não se transforme numa refém de seus pensamentos, especialmente se quiser atravessar os maus momentos da forma mais hábil possível, sem afundar-se mais ainda numa espiral descendente. A maioria das mulheres possui "fitas" mentais que ficam martelando aqueles pensamentos em suas cabeças; estes pensamentos repetitivos nada mais são do que o resultado de um hábito mental negativo. E, para nossa felicidade e infelicidade, a vida é composta de uma série de hábitos mentais, tanto positivos como negativos.

Costumo chamar este tipo de hábito mental de "a rodinha do hamster" ou pensamento circular. Nele, um pensamento está ligado a outro pensamento, e ainda a outro, e assim por diante; estes pensamentos acompanham, de modo geral, um padrão destacadamente similar. É típico que você só tem estes pensamentos quando está descontente ou se sente frustrada, percebendo-os apenas quando se encontra numa fase astral baixa.

Eu gostaria de partilhar um exemplo muito pessoal. Ele me ajudou a compreender minha dinâmica mental enquanto procedia a transição de mulher que trabalha e faz carreira para mãe que trabalhava fora e, finalmente, desta para mamãe que fica em casa.

Senti um choque tremendo ao trazer nossa primeira filha, recém-nascida, do hospital para casa! Eu não fazia idéia da carga de responsabilidade que a maternidade exigiria e da devoção necessária para ser uma mamãe enfermeira. Antes disso eu tinha me dedicado inteiramente ao meu negócio, projetos gráficos, e me empenhava em fazer do empreendimento um sucesso. Todavia, não havia como comparar aquilo com a responsabilidade diurna e noturna da maternidade. Quando eu estava grávida de Jazzy, em dado momento cheguei a imaginá-la indo comigo para o trabalho – ela felizinha brincando em seu cercadinho, enquanto eu dava conta de meu trabalho. Percebi mais tarde que o "felizinha" foi o fator operacional que se constituiu na minha ilusão. Santa ignorância, ela pode ser uma verdadeira bênção.

Foi uma transição e tanto ter de me acostumar a um horário de trabalho ocasional, que agora incluía funcionar como creche, e eu não estava, de forma alguma, equipada para dar conta de uma criança pegajosa como foi o caso de minha primeira filha. O instinto dela deve ter lhe ordenado que se agarrasse a mim com unhas e dentes, pois era exatamente isto que ela fazia. Minha natureza, anteriormente tão independente, batia de frente com uma criança cem por cento dependente. Em várias ocasiões, quase cheguei à loucura quando, por períodos relativamente curtos, ela mal tolerava que até o Richard cuidasse dela.

Durante todo esse tempo, percebi que meus pensamentos seguiam um certo padrão ao procurar por uma solução que pudesse equilibrar o trabalho com a maternidade. Se eu estivesse fatigada (o que, é claro, acontecia por estar com deficiência de sono), ficava logo deprimida. Os pensamentos davam voltas em torno do assunto principal: como eu ia conseguir atender minha clientela e manter os mesmos padrões de meu trabalho – que previamente tinha sido de dedicação integral – e achar tempo para criar uma filha? Eu escorregava mais um pouco na minha espiral descendente.

Felizmente, depois de aproximadamente dez mil voltas nesta rodinha do hamster, com esses mesmos pensamentos, eu compreendi o que estava acontecendo e, finalmente, desembarquei da rodinha. Simplesmente observei qual era a seqüência de pensamentos que ocorria quando eu estava cansada e deprimida. Aprendi a dizer para mim mesma algo assim: "Ah! Lá vai você de novo. Não é isso que você quer, garota." E assim eu conseguia me conter. Foi uma das introspecções mais simples que tive mas ela foi, sem dúvida, uma das mais poderosas.

Afinal, o que vem primeiro, o pensamento ou o sentimento? O pensamento vem primeiro, claro, visto que nossas mentes não param de trabalhar. Enquanto respirarmos seremos também criaturas pensantes. É impossível sentir-se deprimida sem que o fato tenha sido precedido de pensamentos deprimentes ou chegar à exaustão sem antes ter experimentado pensamentos fatigantes. Por vezes, pode parecer que o contrário é a verdade. Mas isto só acontece porque esquecemos que estamos pensando – e esquecemos o impacto que este nosso pensar tem sobre o modo como nos sentimos. Se você também acha ser esta a solução, então a experimente. Tente ficar estressada ou com raiva – agora mesmo – sem antes pensar em alguma coisa que a faça ficar estressada ou com raiva!

Quando minhas filhas ficam preocupadas com alguma coisa que ainda não aconteceu, procuro esclarecê-las dizendo: "Pense numa casquinha de sorvete. Quando pensa na casquinha de sorvete, ela se materializa à sua frente só porque estava pensando nela?" É claro que as meninas percebem que isto não acontece. Seus pensamentos são tão ilusórios quanto a casquinha de sorvete; só porque os formula, não significa que eles sejam a realidade. A consciência disso lhe faculta ver seus pensamentos como sendo meramente o que são: pensamentos. Desta forma torna-se possível levá-los um pouco menos a sério.

52

USE A CARREIRA PROFISSIONAL PARA O TRABALHO ESPIRITUAL

❦❦❦

Encaremos o fato de que gastamos mais tempo trabalhando do que fazendo qualquer outra coisa. Se for esperar até o domingo para dedicar-se a sua espiritualidade, você estará deixando passar as melhores oportunidades para o desenvolvimento do espírito e, provavelmente, estará muito cansada para obter bons resultados ou, de qualquer forma, causar algum impacto. Muito da espiritualidade tem a ver com a alimentação de seu espírito, tanto quanto nutrir, diariamente, o espírito dos outros ao encontrar novos caminhos para ser útil. Você pode fazer isso ao dar, simplesmente, conta de seu trabalho e ao viver de acordo com seus princípios e valores espirituais.

Não é preciso ser a madre Teresa nem o Dalai Lama para utilizar sua carreira como base para seu trabalho espiritual. Na verdade, não importa em que trabalha; o que quer que faça vai propiciar a interação com outras pessoas, e onde quer que haja pessoas, lá se encontrarão oportunidades espirituais. Seu espírito pode se ligar a outro e ambos podem alimentar um ao outro. Somos todas professoras e conselheiras; o segredo está em incorporar seu espírito nas suas interações diárias. Afinal, seu derradeiro impacto no mundo não será o que faz, mas como vive a vida. Ghandi definiu: "Sua vida é sua mensagem." E eu acrescento que não vai fazer muita diferença com que título você vai se apresentar ao imprimir seus cartões de visita.

Quando se der conta de que se encontra numa situação complicada em relação a uma colega de trabalho, você pode optar por resolver o problema com amor e compaixão. Naturalmente que existem situações em que você vai precisar cobrar das pessoas a responsabilidade delas nas ações que provocaram. Isto também se constitui numa oportunidade espiritual. A maneira pela qual escolheu transmitir o que aprendeu revela como você incorpora sua espiritualidade. Durante o processo de interação você quer que a outra pessoa aprenda algo sobre sua própria natureza. Se fosse preciso demitir alguém, você o faria levando em conta o amor e a compaixão? Suas ações e os sentimentos por trás delas deixam transparecer sua capacidade de combinar a energia espiritual com as tarefas a ser feitas.

Minha vizinha me fez conhecer um ditado que acerta esta estratégia na mosca: "O divino que está em você se encontra com o divino que está em mim para formar uma melhor compreensão." Tenha isto em mente quando lidar com situações conflituosas e você estará em melhores condições para ver a perspectiva das coisas.

Recentemente, em circunstâncias muito tristes, fiquei conhecendo uma pessoa. Minha primeira égua, Shasta, a quem eu queria muito, tinha chegado a uma idade tal que sua qualidade de vida era praticamente inexistente. Fui levada a concluir que seria melhor para ela que tivesse uma morte serena do que se continuasse a tropeçar, cair e sofrer. Por algum tempo fiquei protelando o desenlace mas, apesar de procurar me acostumar com a idéia, ultimar as providências neste sentido se revelou muito difícil para mim. Eu tinha que arranjar um veterinário e, também, contratar o serviço que faz a remoção dos animais e lhes dá o destino final. Arrumar um veterinário era a parte mais fácil. Mais difícil era chamar o serviço de remoção. Ocorriam-me pensamentos horrorosos do que fariam com o corpo de Shasta.

Finalmente liguei para o número que constava do cartão e falei com uma mulher simpática que procurou me tranqüilizar e disse que eu estava fazendo a coisa certa. No entanto, não foi antes de conhecê-la pessoalmente, na manhã seguinte, que senti que podia confiar nela para a remoção do corpo de minha égua de estimação. A mulher chegou dirigindo um caminhão enorme e, quando desembarcou, caminhou na minha direção com os braços bem abertos fazendo com que eu sentisse nela a compaixão e solicitude que procurava. O olhar dela era tão reconfortante que eu soube imediatamente que, independente da dureza de sua tarefa, esse era seu trabalho espiritual. Ela me ajudou, uma desconhecida, a transpor um momento difícil, com paz no coração, envolta por seu amor e calor humano. Eu estava emocionalmente carente e lá estava ela para me ajudar com seu apoio.

Quer você seja uma mulher de negócios, veterinária, mãe ou balconista de mercearia, use a carreira como base de seu trabalho espiritual e procure incorporar seu espírito em tudo que fizer. Use os talentos e dons que o Criador lhe deu para, por meio de seu trabalho, retribuir o que lhe foi dado, na certeza de que, não importa o que faça, você vai se sentir realizada.

Pergunte-se: você estende a mão para quem precisa de ajuda? É capaz de ir além das primeiras impressões para ver o que se esconde por baixo da insegurança de uma pessoa? É capaz de ver a inocência infiltrada nas ações das pessoas? É capaz de chamar as pessoas às falas com amor e compaixão?

À medida que é capaz de inserir seu espírito no trabalho, ao mesmo tempo que alimenta os daqueles à sua volta, você vai extrair mais satisfação de sua carreira do que um dia imaginou ser possível.

53

SAIBA QUANDO
O EGO DOMINA

Recentemente, durante um retiro para meditação ioga, tive a oportunidade de me inteirar da melhor descrição do ego que até aquele momento havia lido ou ouvido. Ensinaram-me que nossa identidade é feita de duas partes: o grande "eu", que é nosso espírito verdadeiro, e o eu menor, que é o nosso ego.

O ego impede que nos comuniquemos e que entremos em contato com nosso verdadeiro eu; isto é, com quem realmente somos interiormente. É como se fôssemos duas pessoas: a que é bondosa, generosa, gentil e amorosa e tem acesso à sabedoria e à saúde; e a outra, que é vaidosa, ambiciosa, impaciente, destituída de compaixão e compreensão e, por vezes, positivamente hostil.

Estas são as duas vozes que ouvimos dentro de nossas cabeças. Às vezes temos a impressão de que o eu verdadeiro e o ego se encontram em guerra um com o outro. Em alguns casos, o ego predomina na maior parte do tempo e isto oculta o eu verdadeiro; conseqüentemente, a pessoa se sente infeliz e vazia, exceto quando o ego se acha temporariamente gratificado. O segredo para chegar à verdadeira satisfação está em reconhecer quando seu ego está dando as cartas.

Até recentemente eu não conseguia distinguir com clareza

quando eu me achava no estado mental ego ou quando me encontrava em estado do eu verdadeiro, que, por sinal, é minha autêntica natureza. Agora tenho uma maneira fácil de identificar qual dos dois estados mentais está dominando. É bem simples: o ego lhe pressiona para que se defina. Ele diz: "Eu sou alguma coisa. Eu sou uma mãe. Eu sou uma escritora. Eu sou inteligente," e assim por diante. O eu verdadeiro diz apenas: "Eu sou" e não necessita de nenhum adendo explicativo. "Eu sou" enquanto dou conta de minhas responsabilidades como mãe. "Eu sou" ao amar minhas filhas incondicionalmente. "Eu sou" enquanto escrevo este livro. Eu sou eu mesma, que não se define pelo meu currículo, características físicas, personalidade ou qualquer outra coisa.

Você ainda pode estar voltada para a solução de seus assuntos enquanto concede a palavra ao seu eu verdadeiro. Você só não trata disso da mesma maneira como o faria quando tem o ego por origem. Sua comunicação é menos contundente, mais gentil e predisposta à conciliação. Você não tem que ser uma otária, mas tampouco precisa agir como se fosse uma criança com acessos de mau humor.

Quando começar a sentir a diferença entre estar com seu ego ou estar contraposto a seu eu maior, vai compreender a liberdade que adquire ao pôr seu ego em xeque. Sua inspiração e paz de espírito alçam vôo quando você se liga com quem realmente é interiormente. O ego a confunde com intermináveis desejos e ilusões e nunca se dá por satisfeito. Se você está com dores, é provável que o estado mental ego esteja dominando. À medida que aprende a identificar quando seu ego a domina, você dará mais liberdade a seu eu verdadeiro, que é mais e melhor qualificado para reger sua vida e fazê-la feliz.˙

54
SEJA RECEPTIVA
À NOVA AMIZADE

❦ ❦ ❦

Depois que casamos ou nos envolvemos num relacionamento de longa duração, nossos maridos, parceiros ou filhos tendem a tomar todo nosso tempo, e qualquer folga geralmente é desfrutada na companhia de familiares e velhos amigos. Como nossas vidas já se encontram preenchidas, em termos de conhecidos e amizades, é uma tentação fecharmos as portas a novos relacionamentos. Todavia, existem diversas boas razões para que sejamos receptivas a novas amizades.

Você nunca sabe quando vai conhecer alguém com quem possa vir a ter afinidade. Pode ser que ele ou ela seja uma daquelas pessoas que contribuem para o engrandecimento de seu espírito. Todas nós já passamos pela experiência de ter encontrado alguém que, desde o primeiro instante, achamos que conhecemos a vida inteira. Embora seja uma ligação rara e singular, você não vai querer perdê-la só porque acha que está muito atarefada para incluir uma nova pessoa em sua vida.

Estamos todos aqui para ajudar a orientar e aprender um com o outro. Talvez tenhamos um pacto espiritual com determinadas pessoas para que ajudem uma à outra pelo caminho da vida. Sei que me sinto como um instrumento para muitas de minhas amizades e, da mesma maneira, sei que existem amizades e pessoas especiais em minha vida que também colaboram comigo. Não sou pessoa de acreditar em encontros fortuitos nem em destino. Encontramo-nos por um propósito mais profundo e pelas ligações divinas que temos uns com os outros. Não importa que seja uma parceria de almas gêmeas ou fraternas. O importante é que você seja receptiva a essas pessoas especiais no momento em que as encontrar.

Fiquei conhecendo uma das minhas amigas mais queridas, a que faz *jogging* comigo, de um modo que, aparentemente, parecia ser fortuito. Vimo-nos no portão de entrada de um parque. Ambas sorrindo, ambas correndo sozinhas, era apenas uma coisa natural corrermos juntas. Quatro anos mais tarde continuamos correndo juntas desde aquele primeiro encontro. Pessoas me perguntam qual é o segredo que me disciplina para o preparo físico e eu respondo com uma palavra – Carole. Ela é uma grande inspiração para a atividade física assim como é, também, uma grande ouvinte; juntas gastamos pelo menos cinco horas por semana, falando, desabafando e rindo. Rimos tanto que há ocasiões em que chegamos a sentir dificuldade para respirar.

Devemos tratar nossos amigos como se fossem ouro em pó, pois são as amizades que fazem nosso caminho ser agradável e nossa experiência mais rica. Seja receptiva a novas amizades, não importa o quanto esteja ocupada – as bênçãos serão infinitas. Nós temos muito amor para dar, a começar com nossas amizades.

55

ENVELHEÇA
COM ELEGÂNCIA

❦❦❦

Envelhecer com elegância é, sem dúvida, um desafio, já que nossa cultura é toda orientada para a juventude. Todos os nossos anúncios alardeiam "Juventude!" e aceitar essa mensagem pode vir a se constituir num processo aviltante, a não ser que se opte por opor-se mentalmente a isso.

Entrevistando diversas mulheres, a quem respeito porque aprenderam a envelhecer com elegância, perguntei o que, em seu modo de vida e atitude perante ela, as ajudou a envelhecer desta forma. Achei uma certa uniformidade nas respostas. Cuidar da saúde física foi, obviamente, uma constante; elas se alimentam adequadamente, bebem grande quantidade de água, exercitam-se e descansam bastante e, é claro, usam filtros solares. A mensagem que extraí foi: quando se tem saúde, a gente se sente bem e isso se reflete na aparência.

Uma outra semelhança entre estas mulheres tinha a ver com a ligação entre o corpo, a mente e o espírito. Precisamos nutrir, abastecer, cuidar e purificar nossos espíritos da mesma forma que cuidamos de nossa saúde e aparência física. Ao fazer isso, não só melhoramos a aparência mas, também, nos sentimos mais jovens. As mulheres que envelhecem com mais elegância acharam algum tipo de harmonia silenciosa em suas vidas. Embora sejam incrivelmente ativas, elas também sabem dar valor ao tempo que dedicam à solidão. Descobrem uma senda individual para levar alimento ao espírito, seja pela prece, meditação, ioga, religião, arte, jardinagem ou alguma outra "trilha". Cada pessoa precisa achar seu próprio caminho que, uma vez encontrado, deixa transparecer nela a paz de espírito.

Estas mulheres fizeram, também, as pazes com sua idade. Elas não ficam estressadas tentando parecer mais jovens; em vez disso, gozam das melhores condições possíveis para a idade em que se encontram. Conservam uma atitude otimista, enérgica e aventureira. As mulheres que conservam vivo seu espírito de aventura, não importa que idade tenham, parecem envelhecer com menos tropeços. O ditado que diz "você é simplesmente tão jovem quanto se sente" adquire um significado real na fase dos cinqüenta e tantos anos da vida. Eu vi avós dando cambalhotas e fazendo estrelas com os netos e, como se fossem meninas de colégio, saltar por cima das ondas do mar; o pique que demonstram pela vida faz com que resplandeçam. O que realça sua vitalidade é um espírito brincalhão aliado à falta de seriedade.

Ao entrar na meia-idade compreendi que, como mulheres, precisamos aceitar as mudanças que ocorrem em nossos corpos e rostos. Eu costumava entrar em crise quando percebia que as ruguinhas de expressão de meu rosto tinham se transformado em vincos e que os pés-de-galinha haviam se espalhado como se fossem aranhas em torno de meus olhos. Contudo, fui abençoada por conhecer muitas mulheres, entre elas minha mãe e minhas tias que, em comparação com a época em que eram jovens, passaram a se sentir muito melhor à medida que foram envelhecendo. Eu me lembro de ter perguntado a minha mãe, quando ela estava pela casa dos quarenta, como é que sua atitude continuava tão positiva em relação ao envelhecer. Ela respondeu que a coisa era simples; ela se sentia em melhor forma agora do que quando tinha vinte anos, logo não havia nada a lamentar. Eu me lembro de ter sentido uma grande admiração por seu ponto de vista e que nutri esperanças que um dia eu também viesse a encarar a coisa da mesma maneira.

À medida que envelhecemos, nossos metabolismos se alteram e a mudança de aspecto dos quadris é uma dessas manifestações. Podemos retardar algumas dessas mudanças com dietas, exercícios e controle de peso, mas em dado momento teremos de aceitar essas ocorrências como uma realidade da vida e procurar ver a beleza contida em cada uma de suas várias etapas. A cada fase da vida nosso aspecto difere do anterior mas continuamos sendo bonitas. Deus seja louvado – como seria aborrecido ter exatamente o mesmo aspecto a vida inteira! Uma amiga, que está na casa dos cinqüenta, me disse que ela finalmente alcançou aquele estágio da vida em que pode amar sua celulite e até enxergar beleza nela. (No que me diz respeito, considero isto como verdadeiramente um progresso!)

56

TALVEZ ELE NÃO LEVE JEITO

❦❦❦

Você já pensou como seria ridículo ficar frustrada com uma pessoa que, por ser cega, não pode ver? Ou, por outra, como não teria sentido ficar aborrecida com uma criança porque ela não sabe ver as horas ou dirigir um automóvel? Aprendi que há ocasiões em que se torna igualmente destituído de sentido ficar estressada com homens adultos por causa de determinadas coisas porque, na verdade, eles simplesmente não levam jeito.

Como exemplo, conheci homens que não tinham a menor capacidade de enxergar se alguma coisa estava arrumada e limpa. E outros que sabiam definir a palavra "organizado", mas não tinham nenhuma inclinação para organização.

Meu pai é uma dessas pessoas que sabe consertar ou dar um jeito em quase tudo. Portanto, conforme fui crescendo, o "dar um jeito" nas coisas nunca chegou a ser um problema. Se alguma coisa quebrasse, meu pai sabia consertar. Já Richard, meu marido, seria o primeiro a dizer que ele não tem a menor destreza (habilidade manual) ou jeito para consertar coisas. Só com grande empenho é que ele consegue juntar aquelas coisas "fáceis de montar" que se compram nas lojas. Depois de horas a fio somadas a uma grande dose de frustração, assim me pareceu, certa vez ele conseguiu montar o berço de nossa primeira filha e, orgulhosamente, o transportou para o quarto das crianças. Ele estacou no vão da porta quando descobriu que não podia passar com o berço. Coitado! Não importa se a coisa a ser consertada está na área de eletricidade, hidráulica, ou apenas da montagem de alguma coisa para uso das crianças, ele invariavelmente entrega os pontos e tenta achar uma pessoa para ajudá-lo. Seria contraproducente e totalmente sem sentido se eu ficasse aborrecida por causa disso. Não é intencional, e não porque ele não tente – ele só não tem jeito! Aprendi a dar valor a seus numerosos talentos, mas compreendi que, na área de consertos, eu certamente não me havia casado com meu pai.

Conheci muitas mulheres que se sentiam frustradas com alguma coisa que seus namorados ou maridos não soubessem fazer. Mas se você refletir sobre isso, que sentido faz aborrecer-se com eles quando, na verdade, eles simplesmente não têm jeito?

Algumas pessoas não conseguem chegar a lugar nenhum na hora certa. Outras mal sabem ferver água. Talvez existam coisas para as quais você não tem jeito – organização da bagunça, estratégia de investimentos, decoração de interiores ou o que quer que seja. Você gostaria que uma pessoa ficasse furiosa ou frustrada com você só porque possui certos pontos fracos ou fortes? Ou preferiria que a amassem do jeito que é?

Não me entenda mal. Com isto não quero dizer que você deva deixar que qualquer pessoa se aproveite de você ou a trate de forma desdenhosa. Tampouco estou insinuando que você deixe de discutir certos assuntos ou mesmo suas preferências. Ao contrário, quero dizer que, no fim, o importante é saber escolher, com sabedoria, quais as batalhas nas quais pretende se engajar. Se você está frustrada com algo que o homem de sua vida está fazendo – ou não está fazendo –, é sempre melhor voltar sua atenção para aquelas áreas onde, pelo menos, é possível modificar alguma coisa. A não ser que o assunto seja realmente sério ou que algo a esteja levando à loucura, a melhor estratégia é fazer concessões para o fato de que existem coisas que ele simplesmente não sabe fazer ou não leva jeito.

Com toda a simplicidade, o reconhecimento dessas limitações, por si só, já traz consigo, em termos de qualidade de vida, um tremendo benefício. Em vez de gastar seu tempo e energia perturbando-se com coisas que provavelmente não vão mudar e sobre as quais tem pouco ou nenhum controle, você vai se desvencilhar de suas frustrações e se tornar um pouco mais despreocupada. Portanto, se ele não tem destreza ou jeito para alguma coisa, esqueça o assunto. Sua energia, minha cara, será melhor empregada em outras coisas. E se ele tentar fazer algo para o qual não tem jeito, sorria para demonstrar apreço, mas sempre tentando se conter ao máximo.

57

INTERIORIZE-SE PARA ACHAR AS RESPOSTAS

Todas as pessoas nascem com saúde. Isso quer dizer que existe dentro de nós, desde o começo de nossas vidas, uma inteligência que é sabedoria pura, não contaminada por qualquer condicionamento mental negativo. Todavia, com o passar do tempo, cada uma de nós aprende, cria e, finalmente, adquire certos hábitos mentais que nos impedem de ter acesso a essa sabedoria inspirada e criativa.

Ao contrair esses hábitos, que geralmente são imperceptíveis para nós, aprendemos, repetidamente, a concentrar nossa atenção nos estímulos do mundo exterior. Isso desvia nossa atenção da dor e do sofrimento emocional que sentimos por dentro. Mas, ironicamente, é a separação emocional de nosso espírito que, para início de conversa, nos causa toda essa dor e sofrimento – logo, isso é uma daquelas estratégias bem intencionadas que, aplicada inconscientemente, simplesmente não funciona.

Aposto que a esta altura você está se perguntando: "Como a gente se interioriza?" Para interiorizar-se bastam dois componentes: você e a tranqüilidade. Você vai ter de descobrir o melhor caminho para chegar à serenidade: poderia ser via prece ou meditação ou pela apreciação da natureza ou ainda por intermédio da ioga, da corrida, da jardinagem, do alpinismo ou montando um cavalo – qualquer meio pelo qual vai achar o tempo de que precisa para ligá-la ao seu espírito, aquela chama que arde dentro de você e espera ser reabastecida. O interiorizar-se implica o esvaziamento da mente, o desanuviar da cabeça. Assim como você sobrecarrega a cabeça com seus planos, objetivos, sonhos e desapontamentos, o oposto acontece quando você se liga com seu eu interior – você esvazia a mente do barulho e do matraqueado à sua volta. E quando sua mente estiver desanuviada, sua inteligência interior é ativada e assume automaticamente o comando. As decisões a ser tomadas, a responsabilidade a ser assumida e todos os demais aspectos da vida se tornam mais fáceis. Você interceptou o momento.

Ao aprender a respeitar o valor que tem a mente tranqüila e desviar sua atenção para o momento presente, você aumentou sua faculdade de estar orientada para o momento atual, livre de preocupações, envolvimentos e aflições internas e todas aquelas coisas que eventualmente se transformam em insegurança e comportamento autodestrutivo ou extravagante.

Como resultado, vai se sentir mais ligada a tudo e a todos que aparecerem em sua vida. Vai poder curar, tanto quanto ser curada. Ao serenar a mente, você vai começar a reduzir o ritmo e passará a tomar decisões mais equilibradas. Ao exercitar-se no viver a partir de seu eu interior, você vai se tornando menos confusa no que diz respeito ao rumo de sua vida e mais serena, paciente e afetuosa em seus relacionamentos. Você terá mais compaixão, compreensão e uma capacidade de comunicação mais realçada a partir do amor que carrega no coração.

Hoje vemos pessoas, de todas as idades e tipos, que são carismáticas, bem-sucedidas e inteligentes, mas que se encontram danificadas espiritualmente. Ao tornarem-se especialistas em seus respectivos campos de atuação, elas podem ter dominado os desafios do mundo exterior, no entanto, interiormente, seu espírito está faminto. Apesar de, possivelmente, terem atingido e concretizado muitos de seus objetivos e sonhos, essas pessoas se sentem aflitas e infelizes.

A separação de nosso espírito nos causa muita ansiedade e depressão. Desenvolvemos mecanismos que lidam com esses problemas e serenam, temporariamente, nossos anseios internos. Qualquer vício é somente um sintoma de sua falta de ligação com seus elementos inatos – a saúde e o espírito. Todavia, uma vez que você internalize e restabeleça a ligação, irá perceber que esse espírito é a fonte de seus pensamentos mais profundos e positivos. É, também, onde você cresce pessoalmente e este crescimento é o que sua alma levará consigo para além deste mundo.

A beleza de nossa humanidade está em podermos procurar significados de dentro para fora e refazer nossa tapeçaria individual, um fio e um hábito de cada vez. Ao descobrir nosso espírito e aprendermos a alimentar aquela ligação, nós nos curamos.

Ao interiorizar-se em busca de respostas, o que você vai precisar fazer para voltar a ficar ligado com o espírito é algo que, a cada vez, vai ficando mais claro. Você começará a sentir uma real e duradoura alegria, acompanhada de grande paz mental. E o maior dos benefícios é que você pode aproveitar-se de tudo que o mundo externo tem para oferecer, como complemento de sua experiência interior.

58
VISTA-SE DE DENTRO PARA FORA

❦❦❦

Amo roupas tanto quanto qualquer outra mulher e acho que vestir-se pode se transformar em algo que aguardamos com prazer, pois faz parte da aventura do dia-a-dia. Isso me dá uma opção a mais (divertida, embora um tanto superficial) para me interiorizar e ficar me conhecendo melhor. Aprendi que não há necessidade de debater-se todos os dias com a questão do que se vai usar – em vez disso podemos aprender a nos vestir de dentro para fora.

A proposta é que feche os olhos e contemple o que sente em determinado dia. Tente vestir-se intuitivamente e expresse-se diariamente de modo que sua escolha coincida com seu estado d'alma.

Antes de abrir o armário, feche os olhos e se pergunte: "Em que estado d'alma me encontro hoje?" Pergunte-se: "Que cor e estilo expressarão o modo como estou me sentindo?" Existem, naturalmente, muitos dias em que nossas escolhas vão se restringir a usar o que é adequado para nossas atividades diárias e não, necessariamente, o que seria nossa escolha se a pautássemos apenas pelo que estamos sentindo. Exemplo: embora você gostasse de usar um vestido de noite com alças finas durante o dia, seu bom senso poderia estar lhe aconselhando que seria melhor reservá-lo para uma ocasião mais adequada, a não ser que tenha a intenção de "declarar" alguma coisa e virar algumas cabeças! Que tal substituir o vestido por um terninho preto e um lenço de seda?

A beleza das pessoas, como a das flores, se apresenta em diversos tamanhos, cores e formatos. Não importa o quanto pese, ou qual seu aspecto, você poderá escolher um estilo único (ou mais) que lhe vai assentar como uma luva. Vestir-se pode ser um modo criativo e divertido de expressar sua personalidade.

Quando você se sente bem, brilha. Escolha um desses dias para mirar-se no espelho e repare nas suas coisas boas. Não se acanhe, procure se elogiar; não dói muito!

Procure achar seu estilo único e aproveite-se dele um pouco! Lembre-se de que você está se vestindo para expressar o que lhe vai na alma. Ao fazer isso, vai aprender a amar quem você é, e a confiança em si mesma vai ganhar as alturas!

59
USE SÍMBOLOS QUE RECORDEM O ESPÍRITO

Um modo de fazer a fusão entre o material e o espiritual é criar símbolos que recordem sua espiritualidade. Por muitos séculos as religiões têm feito exatamente isso ao construírem templos e igrejas com uma arquitetura permeada de ornamentos simbólicos. A cultura egípcia, como a grega, venerava seus deuses e ídolos, reverenciando suas imagens esculpidas em pedra.

Uns amigos nossos deram um lindo exemplo de como se pode usar o mundo material para simbolizar e recordar, diariamente, as coisas do espírito. Eles estavam freqüentando um retiro matrimonial para renovar a força de sua união espiritual. Servindo-se de um quadro negro, o mestre desenhou um coração azul para simbolizar uma particularidade da comunicação quando essa ocorre ao nível do coração, assunto para o qual ele chamava a atenção. Para ilustrar seu exemplo, o mestre havia escolhido, arbitrariamente, um giz de cor azul. Mas o conceito teve tal impacto no casal que eles resolveram adotar o coração azul como seu símbolo espiritual. Eles têm muitos símbolos, desde um pingente azul de cristal em forma de coração até tatuagens discretas de corações azuis, todos para lembrá-los da visão interior que partilharam e de um tempo especial que passaram juntos.

Os espaços não ajardinados oferecem bela oportunidade para criar, em sua casa, um local espiritualizado a partir do qual possa acalentar a serenidade e a paz. Posicionar pedras com dizeres como "harmonia", "paz", "bondade", "paciência" e "amor" é uma forma excelente de ser lembrada desses ideais, e que local se prestaria melhor para contemplá-las do que aquele que, dando cumprimento a seu ritual matinal ou vesperal, a leva a sentar-se no jardim?

Para venerar seus símbolos espirituais basta um canto de armário ou quarto. Por exemplo, na nossa casa temos uma cristaleira de três bancadas com prateleiras de vidro que acomodam nossos cristais, desenhos e cerâmica feita pelas crianças, assim como lembretes de nossos mestres espirituais. Ocupa pouco espaço e combina com nossa decoração. Este canto preenche o objetivo de servir como um lugar reservado para as preces, meditação, ioga e nos auxilia a integrar nossas práticas espirituais nas atividades diárias.

Você talvez queira colecionar lembretes materiais dos momentos espirituais que experimentou em suas viagens. Estas viagens não precisavam ter por destino um mosteiro ou retiro; se conseguiu viver uma hora de paz interior ao caminhar por uma trilha de montanha, você talvez queira guardar uma pedrinha como lembrança do que sentiu. Ou se você deu um pulo até a praia e nela andou introspectiva e tranqüilamente sob as estrelas, talvez queira levar para casa uma concha como lembrança de seus pensamentos durante aquela caminhada. Recentemente, falei com uma pessoa que acabara de voltar de um cruzeiro pelo Caribe que lhe proporcionou imensa paz de espírito. Ela disse que a retenção desse sentimento ia se constituir num desafio, mas ela iria tentar fazer isso assim mesmo. Razão por que ela fica ouvindo música caribenha como meio de recordar o relaxamento que experimentou durante o cruzeiro.

Como seres humanos, a fusão dos dois mundos – o material e o espiritual – se apresenta como um de nossos muitos desafios. Mas, ao tomar conhecimento de que artifícios tão simples podem trazer à tona sua espiritualidade, você vai descobrir que os mesmos artifícios podem auxiliá-la na ligação entre sua rica vida interior e o mundo externo.

60

SOSSEGUE E TIRE PARTIDO DA SITUAÇÃO

❦ ❦ ❦

Quer seja uma preocupação financeira, um vôo que se atrasou ou um(a) colega de trabalho de quem não gostamos, há momentos em que nos encontramos numa situação na qual preferíamos não estar. Embora a proposta se apresente como um bordão, mesmo assim espero que sirva de lembrete de que em todas as situações a opção sempre será sua quanto à reação e ao caminho a tomar. Você pode ficar com raiva e resolver brigar ou, quando achar conveniente, capitular calmamente, tirando o melhor partido da situação.

Um exemplo com que a maioria das pessoas se identifica é um vôo que atrasa ou é cancelado quando você já está no aeroporto. Você já está cansada e pronta para voltar para casa e, provavelmente, está chegando ao ponto de explodir. Quando existirem outras 150 pessoas que perderam o controle sobre seus horários de partida, pode ter certeza de que não só aviões estarão voando pelos aeroportos! A maioria das pessoas se enfurece e desconta suas frustrações nas atendentes do check-in, como se elas pudessem fazer alguma coisa para resolver o problema. Pouquíssimas pessoas tentarão tirar partido de uma situação ruim.

Só para ilustrar o que pode acontecer quando você for uma das poucas pessoas a se manter calma, certa vez fui transferida da classe econômica para a primeira classe por ser a única pessoa a permanecer calma quando anunciaram que meu vôo fora cancelado. Eu tinha decidido que minha frustração com a situação não faria outra coisa senão acrescentar mais problemas às emoções que já me cercavam e atazanar a atendente do check-in certamente não iria fazer com que eu chegasse em casa mais cedo. Refleti, então, que com duas crianças pequenas à minha espera em casa e raramente tendo oportunidade de ler, eu iria encarar este atraso como uma chance para acabar de ler meu livro. A atendente notou minha paciência e me recompensou com um bilhete de primeira classe quando chegou minha vez de embarcar.

Pode acontecer que, no seu emprego, você tenha de trabalhar com alguém cuja personalidade entre em conflito com a sua. A escolha é sua: sentir-se péssima e fazer com que seus colegas sintam o mesmo ou pôr de lado suas diferenças e transformar esse obstáculo de comunicação em uma lição espiritual. O filósofo Gurdjieff assinala que as pessoas que mais nos irritam são as que se transformam em nossos melhores mestres espirituais. Sua órbita atrai e constitui nosso maior desafio. Isso ocorre porque você pode ver na outra pessoa aquilo que a incomoda e transformar isso numa oportunidade para ser mais introspectiva, assim como mais compassiva e compreensiva com seus semelhantes.

A próxima vez em que estiver metida numa situação melindrosa (o que provavelmente vai acontecer hoje ou amanhã), espero que se lembre de que tem opções para lidar com ela. Uma delas é ficar calma; todos à sua volta se beneficiarão com isso e pode ter certeza de que estará fazendo sua parte para trazer paz para você e para as outras pessoas. Se essa for sua escolha, então é certo que optou por não fazer tempestade em copo d'água!

61
SUPERE A MONOTONIA DA ROTINA

❦ ❦ ❦

Fazer pão na segunda-feira. O supermercado na terça. Lavar roupas na quarta... etc. Muitas pessoas acham que a rotina tem um efeito calmante, pois dá uma sensação de vida controlada. Todavia, o que nos pode pegar de surpresa é um marasmo emocional que faz com que nos sintamos vazias e destituídas de inspiração. Se está passando por essas sensações, cogite reservar um tempinho, diária ou semanalmente, para expandir um pouco seus horizontes e fazer um pequeno reajuste na sua rotina. Uma visão diferente vai ajudá-la a superar a costumeira monotonia e também as sensações que a acompanham.

O primeiro passo para superar a monotonia rotineira é gastar uma parte de seu tempo em sossego, refletindo e sonhando um pouco. Observe o que está pipocando em sua cabeça: pode ser algo que você ansiava por fazer, mas continuou a adiar. Esse é o primeiro passo, embora tímido, para aprender a viver da fonte de inspiração a que se opõe o "engarrafamento" representado pela rotina.

Algumas pessoas não têm muito jogo de cintura. Elas nunca se desviam da rotina do dia-a-dia, pois assim se sentem mais seguras. Essas pessoas não renovam suas fontes de inspiração, parecem mais cansadas e mais envelhecidas a cada ano e nunca aparentam sentir o enriquecimento ou a excitação que é o viver. Embora existam, com certeza, porções de nossas rotinas que raramente podem ser reformuladas, tais como horários escolares, exercícios atléticos e horários de emprego, por vezes você pode encontrar interstícios de tempo cujo aproveitamento pode ser reavaliado.

Leve em consideração a possibilidade de aprender uma nova língua; ouse sonhar que vai viajar para aquele país e conhecer as pessoas de lá. Inscreva-se num curso de artes. Associe-se a um clube do livro ou, melhor ainda, crie um. Junte-se a uma igreja, um templo ou outro tipo de centro espiritual. Faça ioga. Modifique a rotina de sua ginástica. Existem centenas de possibilidades.

Os planos espontâneos também fazem milagres; tente fazê-los, pelo menos de vez em quando. Sei que isso fica mais difícil quando você tem uma família com compromissos e horários que requerem planejamento, mas se esforce para encontrar um interstício em sua semana, em que possa aproveitar para fazer algo diferente. Pode ser algo tão simples como trocar o costumeiro horário do dever de casa das crianças por uma caminhada ecológica familiar. Ou telefone para alguns vizinhos no domingo de manhã, convidando-os para um churrasco à tardinha. Dê a você mesma a alegria de fazer algo que não foi planejado ou que seja diferente. Isso pode lhe dar uma boa sacudidela e servir de inspiração para que veja a vida sob uma ótica diferente.

Uma outra maneira, bem simples, de modificar a rotina é alterar os itinerários que costuma tomar ao dirigir. De vez em quando, ao voltar do trabalho, você poderia pegar as estradas vicinais com mais paisagens em vez de sempre pegar a via expressa. Dirigir um automóvel pode ser um prazer, se você não toma sempre os mesmos caminhos. Também, ao alterar seus caminhos, leve em conta que isso até pode ser mais seguro para você e sua família, pois exige que fique mais alerta, mais atenta. Ao seguir sempre o mesmo caminho para casa nos entregamos perigosamente a devaneios.

É surpreendente como, ao fazer uma pequena mudança no que parece ser um gesto insignificante, isso pode inspirar e elevar seu espírito. Essa sensação irá transbordar e espalhar-se por outras áreas de sua vida quando você enviar para seu inconsciente a mensagem de que se encontra receptiva a novas oportunidades. Também, dito de maneira bem simples, faz a vida um pouco menos suave mas muito mais original.

62
SEJA GRATA PELAS PEQUENAS COISAS

❦ ❦ ❦

Freqüentemente, nos tornamos imunes e muito menos gratas pelas pequenas coisas em nossas vidas. Permitimos que nossos sentimentos de deslumbramento e nossas realizações e satisfações materiais anuviem as pequenas jóias da vida que se encontram à nossa volta. Em busca das sensações associadas aos mais excitantes e sedutores pontos "altos", perdemos de vista o fato de que a maior parte da vida, na verdade a quase totalidade dela, é feita de pequenos momentos e coisas que se sucedem.

O aprendizado para apreciar essas coisas e esses momentos desempenha papel importante na criação de uma vida tranqüila e feliz. Embora essas coisas, por si só, possam ser pequenas, deixar de apreciá-las importa desprezar algumas ramificações que são realmente grandes! A falta de percepção para apreciar as pequenas coisas significa uma incapacidade de ser tocada pela vida. Mais do que ver e sentir a perfeição do plano de Deus, a maior parte de seu objetivo é desprezada. A maravilha que é a vida e sua admiração por ela ficarão diminuídas, bem como também ficarão perdidos os sentimentos associados à gratidão e à apreciação e, talvez mais do que qualquer outra coisa, você vai estar se preocupando, na maior parte do tempo, com os probleminhas. A razão de isso acontecer é que, se sua atenção não estiver no que é correto, bonito, especial e misterioso, ela estará no que é errado, no que é irritante e no que está faltando. Sua atenção estará voltada para os estímulos que a levarão a ficar "ligada" e à cata de problemas.

Infelizmente, esse tipo de atenção é autofágico e vira um modo de ver e sentir o mundo. Você vai estar sempre muito ocupada refletindo sobre aquela observação condescendente que ouviu na hora do almoço ou sobre o caimento de sua blusa que não ficou muito bom e ambas as preocupações a impedirão de perceber o sorriso amistoso do caixa ou o lindo quadro pendurado na parede da sala de aula.

Por outro lado, quando a maioria de sua atenção está voltada para o que está dando certo em sua vida, o que é especial e precioso, a recompensa é enorme. Você voltará a sentir que a vida é mágica e que deve dar-lhe muito valor. Em vez de reclamar do lixo espalhado pelo meio-fio, você vai ver a cor das árvores e plantas que se encontram à beira das estradas. Novamente, sua atenção vai ser autofágica e, com o passar do tempo, perceberá cada vez mais as coisas pelas quais deve ser grata. Seu hábito se transforma numa profecia que se cumpre.

Quando fala com uma pessoa que está muito doente ou escapou recentemente da morte, ela vai lhe dizer que as coisas que você geralmente considera "grandes" são, na verdade, relativamente insignificantes, ao passo que as coisas que você acha pequenas são, na verdade, aquilo que tem mais importância. Por exemplo, dinheiro, beleza física, realização ou, ainda, aquisição de algo material podem parecer o objetivo final, de extrema importância, algumas vezes até assuntos de vida ou morte. Todavia, ao fazer uma retrospectiva de sua vida, é bem provável que essas coisas pareçam ter perdido o brilho. Elas parecerão menos importantes, talvez até tenham se tornado superficiais. Por outro lado, a beleza da natureza, o toque de um recém-nascido, um lindo sorriso ou a amizade como dádiva vão parecer preciosos. De fato, se você soubesse que só iria ter mais um dia de vida, o que ocuparia sua atenção – seu carro, o par de sapatos preferidos ou sua mente estaria mais ocupada com as alegrias diárias?

Uma pessoa que comemora apenas os grandes momentos, os "pontos altos" da sua vida, só vai ter, quando muito, momentos fugazes de felicidade. Por outro lado, uma pessoa que se sente grata pelas pequenas coisas da vida vai se sentir feliz na maior parte do tempo. Para onde quer que se volte, ela vai, virtualmente, achar motivos para comemorar.

Isto não é uma receita para fazer de conta que as coisas estão melhores do que estão ou uma sugestão de que não há muita amargura e dor no mundo – há sim. Mas isso é, na verdade, o reconhecimento de que, ao ser honesta com você mesma, refletindo sobre o que é mais importante na vida, são as pequenas coisas que levarão ao prêmio.

63

REVERENCIE SUA MÃE

❦❦❦

Não há nada, realmente, que seja mais gratificante e curativo do que honrar as pessoas – sua mãe e seu pai – que lhe deram a dádiva da vida. Sua mãe, todavia, foi o recipiente que proporcionou sua vinda ao mundo e serviu de primeiro modelo para sua vida como mulher. Já que este é um livro para mulheres, dediquemos algumas linhas às mães.

Honrar a mãe representa, simbolicamente, um assunto que é de mais importância ainda. A idéia que se pretende transmitir é a de que se reflita sobre as pessoas que, como sua mãe, se sacrificaram por você simplesmente porque a amam. Qualquer que seja a condição de seu relacionamento atual, você só precisa de um motivo para demonstrar sua gratidão e honrar sua mãe, e isto só acontece porque você está aqui, agora mesmo, presente. Sem ela, você não existiria – pelo menos não da forma como se encontra hoje!

Existem umas poucas coisas que sabemos, sem dúvida, ser a verdade. E uma dessas coisas é que cada uma de nós, habitantes deste planeta, chegou aqui por meio de nossa mãe. Se quem a deu à luz não tiver sido aquela que a criou, certamente você deveria honrar aquela que a alimentou.

A maioria das pessoas não tem pais "perfeitos" (se tal coisa existir!). Com o passar dos anos, seu relacionamento com sua mãe deve, com toda a probabilidade, ter sofrido seus altos e baixos. Tenho certeza de que não andou concordando com ela em tudo mas, provavelmente, você se parece mais com ela do que, por vezes, gostaria de admitir. Se você for parecida comigo, seu apreço por ela aumentou umas cem vezes depois que também passou a ser mãe. Não podemos realmente aquilatar qual é o verdadeiro significado e qual o grau de dedicação, até chegar nossa vez de ser mãe.

Depois de dar à luz nossa primeira filha, Jazzy, é que pude afinal compreender a profundidade da lealdade de minha mãe, seu amor e a generosidade com que se dedicou ao compromisso de criar meu irmão e a mim.

Existem muitas maneiras de honrar sua mãe; o mínimo e o mais óbvio é com um telefonema para desejar-lhe tudo de bom ou o envio de um cartão no Dia das Mães ou em outras ocasiões especiais. No entanto, uma visita inesperada ou chamada telefônica só para dizer "Olá! Como você está passando hoje? Por falar nisso, eu a amo, mãe" é uma forma muito bonita de homenageá-la. Acrescente-se que existem poucas coisas melhores do que uma carta sincera que não foi ditada por obrigação e que diga, mais ou menos, o seguinte:

Querida mamãe,
Eu só queria dizer obrigada por me trazer ao mundo;
tenho consciência dos sacrifícios que fez para me
criar. Eu queria que soubesse que, para mim, você

*é um tesouro cuja pureza ultrapassa a do ouro em pó, e
eu a reverencio por ter me dado o dom da vida.
Com todo o amor,
sua filha*

Podem imaginar como seria bom se todas as filhas, em todas as partes do mundo, escrevessem e enviassem um bilhete como esse para suas mães?

64

COMEMORE "ESTAR" SOLTEIRA!

❦❦❦

Recentemente ouvi Marlo Thomas dizer numa entrevista: "Eu gostaria de que alguém me tivesse dito que, só por ser garota, eu não era obrigada a me casar!" Seus comentários me inspiraram a incluir "comemore estar solteira" neste livro.

Sei que já faz tempo que fui solteira, portanto, para quem acha que é muito mais difícil ser solteira hoje, comparando à mesma condição ontem, ou que está convicta de que o casamento é a única meta válida, a conclusão seria: "Falar é fácil." No entanto, conheci muitas pessoas que comemoram, autenticamente, o fato de se encontrar solteiras. Isso me levou a achar que não seria um despropósito incluir essa estratégia neste texto.

Do ponto de vista puramente espiritual, nós todas enfrentamos o mesmo desafio – sermos felizes. Geralmente fazemos das duas uma: ou somos gratas, fazendo uma festa da vida que temos, ou estamos ocupadas desejando que ela fosse diferente. Afinal, a maior fonte de infelicidade para cada uma de nós – solteira, casada, divorciada, à procura, viúva, seja lá o que for – é a mesma: sofremos emotivamente quando queremos ou exigimos que as coisas sejam diferentes do que são. Quanto mais intensa for a exigência, tanto mais sofreremos. Não existem exceções para essa regra. Ao contrário, quanto mais abraçarmos a realidade (por exemplo, as circunstâncias atuais de nossa vida) em vez do que desejaríamos que fosse ou pudesse ser, tanto mais satisfeitas ficaremos. Como você provavelmente já sabe, a satisfação tende a gerar mais satisfação.

Uma pessoa que é casada, mas aspire a ser solteira, vai sofrer da mesma forma que uma pessoa que é solteira, mas almeje ser casada ou tenha a intenção de viver uma relação de compromisso. O vão que separa onde você está de onde você queria estar é que causa a dor. Se você estreitar o vão, diminuirá a dor.

Acredite se quiser, o simples reconhecimento dessa dinâmica pode levar a um mundo de visão interior. Em outras palavras, tomar consciência do que realmente está causando a dor pode ser a receita final para se livrar dela. Mais importante, esse reconhecimento abre as portas para a descoberta – e, sim, até mesmo para a comemoração – das tremendas vantagens de ser solteira.

Qualquer uma pode fazer uma lista das vantagens óbvias de ser solteira – várias formas de liberdade, diversidade, menos contemporizações, a faculdade de decidir por si só – isto para citar apenas algumas. Mas nenhuma delas significa mais do que um estímulo superficial, pois são destituídas da visão espiritual interior que as poderia sustentar. Essa é a razão por que é tão importante conhecer a dinâmica interior que cria a dor: a tendência para desejar que as coisas fossem diferentes. Na falta desses pensamentos, seu coração e a mente se abrirão para novas possibilidades. Em outras palavras, você não somente será capaz de enumerar as vantagens de ser solteira – como vai, realmente, abraçar, comemorar e também tirar partido delas!

Quando adulta, Pamela passou a vida inteira querendo se casar. Isso tinha tal importância que ela (com uma "mãozinha" dos pais e algumas amigas) tinha se convencido de que não poderia ser feliz se continuasse solteira. Seu desespero saltava aos olhos na maioria de seus relacionamentos, fazendo com que ela se sentisse péssima. Ela havia associado a infelicidade à sua condição de solteira, da mesma forma que se pode associar um ferro de passar quente à mão queimada.

No entanto, em dado momento de sua vida, Pamela começou a pesquisar o mundo da paz interior. Aprendeu a meditar, passou a freqüentar um centro espiritual, refletiu mais. Ela começou a reconhecer as ligações entre seus pensamentos e crendices e seu próprio nível de felicidade (e de infelicidade). Com o correr do tempo, começou a entreabrir o coração para a vida que já era sua. À medida que os desapontamentos e mágoas procuravam se alojar na mente, ela, por já conhecer esses pensamentos, foi-lhes emprestando cada vez menos importância e assim os foi afastando. Pela primeira vez em sua existência, Pamela abraçou a vida do modo que ela realmente era.

O que aconteceu a Pamela foi milagroso. Ela viu, pela primeira vez, algumas das tremendas vantagens em ser solteira. Começou a fazer coisas que muitas de suas amigas casadas não tinham condições de fazer. Viajou e tornou-se mais amistosa com as outras pessoas. Freqüentou alguns cursos interessantes. Passou a sair com mais homens, não numa tentativa de arranjar um marido, mas simplesmente pelo prazer de sair com eles. Resumindo, ela começou a festejar a dádiva de ser solteira. Em questão de pouco tempo, estava mais feliz do que jamais imaginou poder ser possível. Tinha aprendido a amar sua condição de solteira. O fato de ela querer casar ou não, no futuro, é irrelevante. Se ela se casar, também saberá como ser feliz na nova situação.

Ser solteira não é melhor nem pior do que estar casada. É simplesmente um jogo diferente de circunstâncias, que têm suas vantagens e desvantagens, essas e aquelas também diferentes. Como em qualquer outro aspecto da vida, existem trocas ou compensações a ser feitas. Aparentemente, o erro em que tantas pessoas incorrem – quer solteiras ou casadas – é que elas se lembram e se fixam nas desvantagens, mas se esquecem de comemorar o lado bom. Certa vez, fiquei sabendo de um casal que perguntou a um conselheiro espiritual se ele achava que eles deveriam ou não se casar. Sua resposta me surpreendeu na época. Hoje compreendo exatamente o significado de suas palavras. Ele disse para o casal: "Realmente não tem importância. Ao ficarem solteiros, as coisas se encaminharão para um conjunto de circunstâncias e, estando casados, isto vai levá-los a um outro conjunto de circunstâncias." Ele não estava sendo sarcástico, nem tampouco favorecia o casamento ou o desaconselhava. Ele simplesmente estava indicando a realidade das escolhas que fazemos.

Sei, por experiência, que é integralmente possível aprender a festejar a vida que você tem – solteira ou não. E uma vez que as comemorações passam a ser consideradas, você estará se encaminhando para a vida de seus sonhos. A vida, por si só, já é motivo para comemoração. Se for solteira, vá em frente e aproveite a festa!

65

DESCUBRA
SEU CAMINHO

❦❦❦

As mulheres deste século têm muitas opções mas, com elas, vem a necessidade de fazer escolhas. Atualmente temos tantas opções que a dificuldade se transferiu para o campo da escolha. É realmente irônico que durante os últimos cem anos nossas avós e bisavós tenham lutado tanto para que as mulheres das futuras gerações pudessem ter opções e, no entanto, aqui nos encontramos muitas vezes confusas sobre os papéis a desempenhar e como equilibrar a vida familiar com a profissional. Não existem modelos bem definidos para as mulheres de hoje, logo somos forçadas a desbravar nosso caminho outra vez.

Eu me recordo da ansiedade que senti na faculdade ao colar grau. Eu não tinha certeza, em termos de carreira, do que realmente queria fazer, no entanto, me sentia obrigada a saber que rumo dar à minha vida. Sei que, se Richard e eu não tivéssemos nos casado logo que saí da faculdade, eu teria embarcado para Nova York onde pretendia arranjar um emprego na área de publicidade. De certa forma, o casar "jovem" me confundiu mais ainda, embaralhando as noções preconcebidas que eu tinha sobre a orientação de uma carreira.

Eu me senti muito solitária durante o tempo em que procurei

por um emprego em publicidade na cidade de San Francisco. Em certo momento, resolvi pôr a busca em compasso de espera. Eu tinha certeza de que seria uma recepcionista muito boa e que, por causa disso, levaria uma eternidade para galgar os degraus da escada de promoções. Meu caminho só começou a se definir quando resolvi me qualificar como massagista e dar um giro pelo campo das artes curativas – embora isso não produzisse, exatamente, o que seria de esperar. Quase ao fim do curso, na fase de licenciamento, com meu escasso conhecimento de desenho gráfico como antecedente, criei alguns cartões de visita. Ao começar a distribuí-los entre os alunos do curso, eles se mostraram tão impressionados que encomendaram alguns cartões e *voilà!* Repentinamente me vi lançada no mundo dos negócios que giram em torno das artes gráficas. Não levou muito tempo e lá estava eu elaborando boletins informativos e relatórios anuais para bancos e firmas de porte médio. Expandi a firma, contratei desenhistas e me tornei "Graficamente Sua" e, finalmente, "Kris Carlson & Associados: um grupo de desenho gráfico voltado para marketing". E sabe de uma coisa? Fui uma excelente recepcionista, assim como contadora, gerente de contratos e gerente de produção! Joguei em muitas posições, chorei um pouquinho com os prazos exíguos e alguns conflitos com clientes e me diverti muito enquanto recuperava o investimento e apurava algum lucro.

Nas opções podem estar embutidos tremendos estresses; finalmente chegamos à conclusão de que carreira queremos seguir, então acabamos nos casando e alguns anos mais tarde trazemos um rebento ao mundo. O que fazemos agora? As opções não são mais tão claras.

Não existe, atualmente, um modelo cristalino para mulheres

que combinam carreira com vida familiar. Isso quer dizer que as mulheres se encontram, novamente, vivendo o papel de desbravadoras no limiar de uma nova fronteira. Ao delinear seu papel como mulher, sua melhor estratégia é sair em busca de seu próprio caminho. Você deve levar em conta seu sistema de valores, assim como suas finanças, e ver o que funciona melhor para você e sua família. Todavia, uma vez feitas as escolhas, não se coloque no papel de vítima. Afinal, "você já palmilhou um bom pedaço da estrada, né?", e sempre tem opções.

Descubra seu caminho e continue avaliando suas escolhas. Quando as coisas estiverem correndo satisfatoriamente e todo mundo estiver satisfeito, tire proveito do passeio enquanto estiver na banguela. À medida que as coisas vão mudando, reconsidere suas opções e procure lembrar-se de como tem sorte de possuí-las. Embora o processo de fazer opções possa ser uma coisa penosa, não ter opções de escolha é muito pior!

66

DEIXE SEU ENTUSIASMO FERVER

❦❦❦

Permitir que seu entusiasmo entre em ebulição e impregne sua existência vai trazer muita alegria, não só para você como para as outras pessoas também. Pelo que me parece, essa é uma das formas mais simples de ser útil aos outros. Repartir um sentimento bom e natural, que se origina dentro da gente, faz com que nos sintamos bem e isso é contagioso.

O entusiasmo é um ingrediente fundamental para o sucesso – em tudo, desde os negócios até um projeto da associação de pais e mestres ou ajudar seu filho que ainda engatinha a dar os primeiros passos. Mesmo que se sinta meio por baixo, veja como seu astral melhora se você exibir um sorriso, melhor ainda se for uma risada, ou se cumprimentar alguém entusiasticamente.

Tenho uma amiga muito querida que deixa seu entusiasmo aflorar. Ela cumprimenta a balconista do supermercado com a mesma gentileza e o mesmo calor humano que destinaria a uma amiga íntima. Olha diretamente nos olhos da funcionária e sorri com sinceridade. Com autêntica solicitude, pergunta: "Como tem passado?" Esse tipo de entusiasmo alegra o dia de cada pessoa a quem ela cumprimenta.

Algumas pessoas são recatadas na forma como abordam o

entusiasmo, outras são mais efusivas. Embora haja quem considere o excesso de entusiasmo sufocante, mesmo eles reconhecem que é animador estar na companhia de pessoas que se interessam legitimamente pelo que têm a dizer e que se acham entusiasmadas com a vida.

Pouco tempo atrás, uma amiga me disse que ia montar um negócio. Eu não estava particularmente interessada no produto que ela pretendia distribuir, mas refleti sobre seu entusiasmo pelo novo empreendimento. Eu poderia ter dito que o negócio não funcionaria nunca, que havia muito mais coisas escondidas por baixo do pano e assim por diante. Mas em vez de arrolar as possíveis negativas, fiz sugestões que a incentivassem e amparassem na trilha que escolhera. Meu entusiasmo foi, como um espelho, o reflexo do seu entusiasmo.

Sempre existirão duas formas de se olhar a mesma coisa: você pode ver o copo meio cheio ou meio vazio. É muito importante reconhecer seu próprio modo de pensar. O entusiasmo como hábito é uma forma de pensar saudável e nutritiva. Se você percebe que tem opções para a maneira como vê uma situação, é provável que sempre encontre algo de positivo.

Ao expressar seu entusiasmo, as pessoas repartirão com você seus sonhos e inspirações porque sabem que, ao fazê-lo, isso as põe num patamar de igual força. É muito benéfico para nós quando outras pessoas confiam no nosso apoio à sua visão do assunto. É uma forma reduzida de partilhar uma alegria sincera e é também um meio de diminuir seu estresse. Você não apenas vai se sentir melhor, mas as pessoas à sua volta também vão se tornar mais positivas e otimistas.

67

COMPARTILHE AS "BOAS" HISTÓRIAS

Do ponto de vista cultural, nos preocupamos com as histórias de aspecto negativo – em nossas vidas e no mundo que nos cerca. As más notícias são "esticadas" pela mídia até que não rendam mais nada e/ou estejamos completamente imersas no sofrimento alheio.

Você já ouviu alguém, num chá de bebê, dizer que o parto é formidável? Geralmente, o que ouvimos são as muitas histórias de horror que as mulheres têm para contar sobre sua provação; isso é bem do que uma mãe de primeira viagem precisa como fonte de inspiração para o parto!

Quando chegam em casa, nossos filhos não se lembram de contar o que aconteceu de bom na escola mas, em contrapartida, ouvimos o relato minucioso do aspecto negativo que cercou um incidente ocorrido com uma amiga no recreio ou talvez como a professora estava de mau humor naquele dia. Não seria bem melhor se todos dividissem conosco um maior número de histórias "boas"?

No último fim de semana, Richard e eu assistimos a um filme, *A história de nós dois*. Embora o filme não fosse lá grande coisa, a família, que era o tema central, fazia, na hora do jantar, algo digno de nota. Partilhava os "altos" e "baixos" que cada um acumulara durante o dia. É uma boa idéia porque estimula a reflexão que leva a muitos pensamentos saudáveis, além de fornecer assuntos de aspecto positivo para a conversa do jantar e também servir de oportunidade para desabafos.

Um dos maiores agrados feitos aos pais é contar-lhes ocorrências agradáveis que envolvam seus filhos. Não há nada que me faça sentir melhor do que ouvir algo elogioso sobre o que minhas filhas fizeram de bom. As pessoas geralmente só falam de nossos filhos quando eles estão metidos em algum tipo de conflito.

Certa vez, por uma razão qualquer, eu estava na escola quando uma determinada mãe me puxou de lado e disse: "Você soube o que Jazzy fez hoje na escola?" Bem, não sei como as coisas se passam com você, mas, mesmo sabendo que Jazzy raramente se mete em grandes encrencas, quando ouço esta pergunta, o pensamento que passa pela minha cabeça é: "Ah, não! E o que foi que a Jazzy fez?" A mulher riu diante da expressão estampada no meu rosto e, com lágrimas nos olhos, me contou que Jazzy interveio numa briga e segurou o braço de outra criança que havia empurrado sua filha contra a parede. Esta outra criança estava prestes a dar um soco no rosto de sua filha. Jazzy me encheu de orgulho e fiquei toda prosa ao ouvir o relato de sua coragem.

Minha amiga Sandra tem uma filha que por vezes é rotulada de criadora de casos. Acontece que Katie tem uma forma de autismo funcional e seu comportamento é freqüentemente mal interpretado por adultos e crianças que não compreendem sua incapacidade ou não têm conhecimento dela. Sandra cansa de dar explicações a pessoas que mal conhece, procurando esclarecer o caso de Katie. Um dia ela me contou como uma outra mãe lhe havia telefonado e, sem mais nem menos, contou como Katie havia sido prestativa na sala de aula naquele dia. Essa conversa animou Sandra muitíssimo.

Essa estratégia também é aplicável ao trabalho. Se nos dedicássemos a levantar mais o moral de nossos semelhantes e nos fosse dado perceber o quanto isso aprimora nossa imagem no desenrolar do processo, o ambiente da maioria das empresas seria muito mais satisfatório. Uma das melhores coisas que você pode fazer por um(a) colega no trabalho é comentar com o chefe dele(a) uma contribuição positiva e especial dada por ele(a) sem que isso fizesse parte de sua obrigação contratual. Não tenha receio de falar bem de um(a) colega. Não é só um gesto gentil de sua parte, como também vai revelar como você é segura de si e dona de uma luminosidade igual à de um raio de sol.

Portanto, da próxima vez em que você testemunhar alguma coisa boa feita por um colega ou vir o filho de alguém (ou os seus próprios) cometendo uma boa ação, não deixe de passar adiante as boas novas. Está provado que partilhar as "boas" histórias de seu dia alivia o estresse e também contribui para unir mais ainda os membros de sua família.

68

DIGA (*SEM CULPA*) "NÃO, MAS OBRIGADA POR PERGUNTAR"

Aqui vai um recurso importante para ser utilizado por todas as mulheres que se encontram sobrecarregadas de coisas! Quando você chegar ao seu limite, em termos do quanto pode fazer, e o fizer com alegria, é imperativo que, para seu bem-estar, aprenda a dizer: "Não, mas obrigada por perguntar." E é importante aprender a dizer isso sem sentir nenhum remorso.

Mas antes de utilizar essa estratégia, você provavelmente vai querer avaliar e estabelecer quais são, exatamente, seus limites: o que você é capaz de fazer, o que está disposta a fazer e o que quer fazer.

O problema de aceitar participar de um maior número de reuniões, de assumir mais responsabilidades, assim como a liderança de atividades, é que, no final de tudo, você vai ultrapassar o tempo de que realmente dispõe e atingir seu limite e acabar – de repente – apagando em meio a ressentimentos.

Subitamente, você vai ter tanta coisa para fazer que não saberá mais como voltar atrás. Vai se sentir exausta e sobrecarregada, talvez até ressentida e amargurada porque, novamente, um excesso de coisas caiu no seu colo. Sua incapacidade de dizer "não" sem se sentir culpada acabou criando um pesadelo para você.

Quando você faz parte de uma organização, é claro que deve contribuir com sua cota. Todavia, suas escolhas devem ser feitas em função do número de compromissos que já assumiu e, principalmente, de como marcha sua vida. Você deve se conceder o direito de dizer "basta" quando perceber que está se aproximando de seu limite.

Quando começar a arrolar tudo o que já faz, seu sentimento de culpa vai diminuir. E saber que não está soterrada sob fardos que não foram aceitos por seu coração vai lhe dar poder e força. Uma mente lúcida e um horário ligeiramente mais flexível contribuirão para que chegue a decisões tomadas em condições de bastante clareza sem desespero frenético.

Ao aprender a dizer "não" sem culpa, os eventos em que você atua no seu papel de liderança lhe darão maior alegria e satisfação. Isso para não dizer que a qualidade de seu trabalho, naquelas coisas de que escolheu participar, vai ser mais apurada à medida que você deixar de se desdobrar.

Uma vez que tenha resolvido recusar o convite, é melhor que o faça sem evocar uma ladainha de razões sobre as quais não pode. (Isto seria o mesmo que admitir que se sente culpada.) Já percebeu que você deixa de merecer a atenção da pessoa ao embarcar nos "porquês"? As pessoas não estão interessadas em saber o quanto você está atarefada – elas mesmas já se debatem com uma sobrecarga de tarefas.

As "agradadeiras" acham muito difícil dizer não. Elas almejam ser queridas com tal intensidade que sacrificarão com prazer seu próprio bem-estar. Todavia, se no último minuto alguma "agradadeira" for obrigada a bater em retirada devido a outros compromissos, as pessoas não vão ficar gostando muito dela. É preferível não se comprometer, em primeiro lugar, do que deixar alguém na mão!

Também é importante aprender a dizer "não" para o excesso de trabalho, quer você seja a dona do negócio ou uma funcionária contratada. Lembre-se de que ao trabalhar todos os dias até depois das 17:30, estará reduzindo o tempo que fica em companhia de seu marido e/ou dos seus filhos. A coisa é, novamente, uma questão de equilíbrio. Uma boa maneira de encarar isso é a seguinte: recuse-se a trabalhar as horas pelas quais não será paga (isto é, as noturnas e as dos fins de semana).

Em virtude de seu sentimento de culpa, é bem possível que se sinta tentada a sobrecarregar a agenda de compromissos sociais. Todavia, é bom que seu marido, namorado ou a outra pessoa importante conste da mesma página, ou seus "sim" ditados por sentimento de culpa acabarão lhe criando mais frustrações do que julgou possível. Seu parceiro pode ter uma agenda social e um conjunto de prioridades diferentes dos seus. Talvez não lhe agrade fazer coisas simplesmente porque você se sente culpada!

Ao assumir compromissos com base em sentimentos de culpa, é bom lembrar que você pode estar desperdiçando não apenas seu tempo, mas também o das pessoas a quem disse sim. Afinal, acha que elas realmente iriam querer gastar seu tempo com pessoas que apenas estão com elas por obrigação ou motivadas por culpa?

Portanto, da próxima vez em que alguém lhe perguntar se gostaria de presidir um comitê, organizar uma campanha para angariar fundos, acompanhar adolescentes numa viagem ao campo, supervisionar uma sala de aula ou até sair para jantar, tire um tempinho para refletir. Avalie com honestidade se você realmente tem vontade de fazê-lo e tempo disponível para tal, antes de responder. Se você acha que já se desdobrou demais ou que o momento escolhido é impróprio, diga simplesmente "não, mas obrigada por perguntar" e deixe as coisas ficarem assim.

69

CONCEDA-SE UM POUCO MAIS DE TEMPO

🌿🌿🌿

De certa maneira isso é uma coisa óbvia, mas certamente vale a pena repetir. Sem dúvida que uma das maiores causas do estresse diário decorre do frenesi a que ficamos sujeitas pela simples razão de não nos concedermos margens maiores de tempo. O problema é que geralmente avaliamos mal o tempo que leva para ir de um lugar para outro: sempre achamos que o tempo gasto será menor.

Nossas intenções certamente não são ruins. Quando nos atrasamos para sair ou quando nos concedemos margem insuficiente de tempo entre atividades, isso geralmente acontece porque queremos adiantar nosso trabalho mais um pouco ou concluir mais uma tarefa antes de sair. Procuramos encaixar mais um telefonema ou levamos mais uma pilha de roupas para lavar na máquina. Logo, ou não saímos na hora em que deveríamos ou não nos aprontamos – pelo menos completamente – com a devida antecedência.

É como se negássemos o tempo real necessário para chegar a algum lugar, contado de porta a porta. Deixamos de levar em consideração o tráfego, estacionamento, atrasos imprevistos, o tempo que leva para ir a pé do carro ou metrô até o destino e assim por diante. Supomos que tudo vai dar certinho, o que, naturalmente, poucas vezes acontece. Portanto, quer estejamos correndo de uma reunião para outra, buscando as crianças na escola ou a caminho do aeroporto, simplesmente esperamos um pouquinho demais e, previsivelmente, a cada vez acabamos intensificando nosso estresse.

Aprontar-se mais cedo e sair com tempo de sobra reduz substancialmente o estresse de nossas vidas. Em vez da correria, relaxamos. Em vez de nos preocuparmos, sentimo-nos calmas e seguras. Em vez de fazer com que outros nos esperem, chegamos na hora. Gastamos menos tempo com justificativas e pedidos de desculpas. Em vez de estarmos sempre preocupadas com "o que vem a seguir", somos capazes de estar um pouquinho mais presentes. Uma boa margem de tempo pode representar a diferença entre divertir-se com alguma coisa ou ter medo dela. Quando se está perdida em correrias, fica impossível sentir prazer naquele momento, porque, quase por definição, você acha que deveria se fazer presente em alguma outra parte.

A importância de se aprontar mais cedo e conceder-se margem maior de tempo entre as coisas é bem maior do que parece. De maneira sutil, programe um número menor de atividades de modo que acabe menos sobrecarregada. É uma medida preventiva. E, porque você está se concedendo uma margem um pouquinho maior entre as atividades e bastante tempo para ir e vir, sua agenda fica menos sobrecarregada. Em vez de pensar que o dia pode render dez coisas, você estabelece uma premissa diferente. Diz para você mesma que, na verdade, só pode fazer oito coisas, ou seja lá o número que lhe for possível. Dessa maneira, estará se concedendo uma promoção tipo "desconto de tempo". Em vez de gastar todo seu tempo "indo" e "fazendo", você separa um pouco do tempo apurado entre compromissos. Pense nele como um tempo só seu.

70
JUNTE-SE ÀS GAROTAS

🍂🍂🍂

Poucas são as experiências tão revigorantes quanto selecionar um pequeno grupo de mulheres para que, juntas, desfrutem um retiro de fim de semana. Um fim de semana passado ocasionalmente na companhia das "meninas" é recheado de ótima comida, bom vinho, risos, lágrimas, um bocado de caminhadas e muito falatório.

Recentemente, embarquei num retiro com quatro amigas. Sally, que é uma de minhas boas amigas, era a única pessoa que não conhecia as demais; tinha vindo de Seattle para me visitar. Tínhamos escolhido uma casa no litoral do Oceano Pacífico para servir de sede para nosso pequeno recreio longe das crianças, do futebol e de todas aquelas mil e uma coisas que ocupam nossa vida diariamente. Quando Sally chegou, todas a cumprimentaram de forma efusiva, evidenciando o estado eufórico e a alegria de saber que tínhamos um tempo só nosso para brincar e relaxar. Começamos falando das comidas apetitosas, dignas de *gourmet*, que havíamos selecionado para aquele dia, do que teríamos para o jantar daquela noite e o vinho favorito que iríamos degustar ao pôr-do-sol.

À medida que o fim de semana se foi desenrolando, a conversa se tornou mais profunda e, do ponto de vista mental, surpreendentemente nutritiva. As mulheres têm um jeito de achar o denominador comum sobre o qual todas pisamos e de esmiuçar qualquer assunto para melhor examiná-lo e avaliá-lo sob todos os ângulos. É provável que não tenhamos sido unânimes em nossas opiniões sobre os assuntos abordados, mas cada mulher presente expôs suas idéias e, em seguida, recolhendo-se à condição de ouvinte silenciosa, passava a tocha à próxima participante. Quando uma chorava, todas chorávamos juntas; quando ríamos, chegávamos quase a ponto de urinarmos nas calças! Neste curto espaço de tempo, partilhamos nossas alegrias, pesares, esperanças e sonhos. Fizemos a leitura de livros que serviam de fonte de inspiração, pintamos com aquarela, assistimos a filmes notáveis e depois conversamos até as duas da manhã.

Sem enunciá-lo, havia entre nós um acordo, um código, um voto secreto: tudo o que foi dito nesse fim de semana era para ser tratado como um assunto sagrado. Não existe ninguém que cuide melhor das coisas do que uma mulher e, para esse breve retiro, cada uma de nós contribuiu com todas as suas energias para que pudéssemos cuidar uma da outra. Ao arrumarmos as malas para voltar para casa, ficamos meio tristes por estar se acabando esse interlúdio memorável, mas cada uma de nós sentiu-se renovada e retemperada, pronta para enfrentar, com novas perspectivas, nossa vida e família.

Se você tem condições de programar e combinar um retiro de fim de semana, faça-o! Vale a pena. Na impossibilidade disso, reserve, de vez em quando, uma noite para estar só na companhia das amigas, o que é uma opção ao alcance da maioria. Ainda assim, os benefícios serão grandes. Faça do encontro uma noitada em um lugar onde vocês tenham a liberdade de passar a noite toda falando! Qualquer que for a opção que fizerem, não importa qual seja sua forma, faça da noitada com as "meninas" um hábito a ser posto em prática de vez em quando. Isso vai ajudar a recarregar suas baterias e fazer com que você se aprimore o máximo possível!

71
NÃO EXAGERE NA IDENTIFICAÇÃO DAS FUNÇÕES

❦❦❦

Somos tentadas a nos classificar como o produto de todas as nossas conquistas e realizações. Como mulheres, o desafio reside em não exagerar na identificação de nossos papéis, de nossas funções, quer como mãe, avó, profissional ou esposa. Na nossa cultura, é fácil confundir ser com fazer. Wayne Dyer disse-o bem quando definiu: "Quando você é o que faz, então não é quando não faz." É uma afirmação bem significativa e seu conteúdo dá o que pensar.

Desde a mais tenra idade somos doutrinadas de modo que nos identifiquemos, dadas as nossas características físicas, como pertencendo a um certo "tipo". Ou você é magra como uma modelo ou "média" ou então roliça e voluptuosa. Eu, por exemplo, sendo loura, estava empenhada em não ser rotulada de "loura burra". No ginásio, estudei como uma condenada para obter as notas máximas e, deste modo, evitar aquele rótulo.

Também somos doutrinadas desde pequenas a desenvolver uma mentalidade voltada para o CV [curriculum vitae] – somos treinadas para que nos tornemos alguém ou alguma coisa. Se, por menção honrosa, fizer parte do rol das agraciadas, então será considerada uma boa estudante; caso contrário, não é. Não faz muito tempo, eu me encontrava supervisionando a sala de aula da quinta série, freqüentada por Jazzy, quando notei uns rabiscos na pasta de uma das garotas. Na capa da pasta estava escrito o nome dela e logo abaixo lia-se "*Líder da Torcida*". Poxa, pensei, está acontecendo cada vez mais cedo: essa menina já associa sua identidade com o que ela faz.

Recentemente tropecei numa conhecida que não via há muito tempo. Quando perguntei como estava, ela desembestou a falar de como se encontrava atarefadíssima dando conta da programação dos filhos. Em seguida, ela descreveu, e eu ouvi, tudo sobre as maravilhosas proezas dos filhos. E assim foi emendando os assuntos. Aproveitei para dar uma boa espiada nela enquanto falava e chamou-me a atenção como emagrecera. Também observei que parecia exausta. Obviamente os filhos tinham se tornado tudo para ela e, embora sua dedicação à família fosse uma virtude que sobressaía, ela parecia ter poucos interesses, se é que tinha algum, no que acontecia à sua volta. Se ela continuar vivendo a vida desta maneira, não vai poder ajudar, em absolutamente nada, seus filhos e filhas, caso caia ou apague de cansaço.

Parece que as mães se deparam com o maior desafio ao quererem aplicar essa estratégia, principalmente porque a tarefa de criar filhos pode chegar a consumir todo o seu tempo disponível. É fácil se ver como "mamãe", às vezes se esquecendo de que também é um "ser humano". Não é de admirar que tantas mulheres sofram da síndrome do ninho abandonado quando, anos mais tarde, as [já não mais] crianças saem de casa. Ao identificar-se, de forma exagerada, com qualquer papel – por mais maravilhoso que seja – você se mete num canto e trunca a percepção de quem você é.

Não há limite do quanto pode dar para sua família, em termos de tempo e energia. Você sempre vai achar meios de preencher sua vida com os interesses e atividades das crianças, mas ainda assim pode lhe parecer que não está fazendo o suficiente. Se não fixar limites, encaixar alguns de seus próprios interesses e descobrir mais a respeito de você mesma, pode acordar um dia e se perguntar para onde foi o "seu eu". Ninguém pode estabelecer esses limites por você. Nós precisamos achar o equilíbrio entre sair no encalço de uns poucos dos nossos interesses e acalentar os interesses de nossas famílias. Seus filhos crescerão e sairão de casa para ir viver suas vidas e você vai precisar criar algum espaço, apenas seu, em sua vida.

As mulheres que conseguem equilibrar a maternidade com as exigências de uma carreira provavelmente são as que melhor sabem aplicar essa estratégia. Elas têm de ter a capacidade de trocar de papéis de uma hora para outra, algumas vezes com não mais que instantes de aviso prévio. Na sua família, quer você seja ou não a principal contribuinte do "ganha-pão", quando seu filho(a) tem febre ou quebra um braço, é bem mais provável que ele(a) chame pela mamãe. Seu horário de trabalho pode terminar às cinco da tarde, mas sua atividade como mãe não acaba nunca. E para seus filhos não tem a menor importância qual é sua posição no escritório ou se você é uma escritora famosa ou atriz de renome – para eles, você é simplesmente "mamãe".

Até que você aceite essa noção de que você não é o que faz mas, antes, uma pessoa que faz muitas coisas, pode estar levando uma vida complicada. Se sua identificação com a carreira é exagerada, é possível que chegue à conclusão de que jamais poderia criar uma família ou não consideraria ficar em casa com os filhos, nem mesmo por meio expediente. Se tem vários filhos, o mais novo está com cinco ou seis anos, e resolver ter outro filho por medo de não ter como preencher o tempo quando seu último for para a escola, isso pode levá-la e à sua família para o buraco.

Todas precisamos viver a vida como indivíduos, assim como passar essa experiência para os outros, inclusive para nossas famílias. Sua experiência de vida vai se tornando mais rica e compensadora à medida que aprende a fazer muitas coisas sem se atribuir rótulos.

72

DESARME A EXPLOSÃO
DE PENSAMENTO!

❦ ❦ ❦

Seu dia foi uma brabeza. Para dizer a verdade a semana toda foi braba. Não só isso, mas toda a sua vida tem sido uma "barra"! Você está cansada, moída, irritada. Está se sentindo aborrecida, com a cabeça entulhada com a lista de coisas a fazer. No estado de exaustão em que se encontra, cercada pelo mau humor, vêm à lembrança todas aquelas pessoas que dependem de você. Talvez se sinta até um pouco explorada. Emily, a avó de Richard, sempre dizia: "A vida é boa se você não fraquejar." E nisso tinha razão! Existem muitas coisas que, se deixarmos, nos levam para o buraco.

Nos tempos atuais, tem particular importância reconhecer o incrível poder que o pensamento possui. O mero reconhecimento desse poder e a simples aceitação do papel que desempenha nos tempos atuais podem fazer dele um autêntico salva-vidas.

Parece que a hora em que nossas mentes mais se metem em nossas vidas é aquela em que mais estamos sobrecarregadas. Nesses momentos ficamos vulneráveis. Não bastasse estarmos confusas, a 100 quilômetros por hora, sem saber se estamos de cabeça para cima ou para baixo. Mas é precisamente nesse momento que nossas mentes começam a rodopiar e, geralmente, seu traçado é negativo. Analisamos nossas vidas, validamos nossas frustrações e conjuramos, em nossas cabeças, toda a sorte de cenários pessimistas. Revestimos os casos em nossas mentes com couraças para justificar todas as razões pelas quais nossas vidas estão descontroladas. Isso tudo é um modo muito rebuscado de dizer que exageramos as coisas – ou devo dizer, "pensamos nas coisas" – a ponto de torná-las desproporcionais. É como se estivéssemos experimentando, em nossas mentes, uma verdadeira "explosão de pensamento"!

O ato de reconhecer seu pensamento é como acordar e ver o que está se passando em sua cabeça. É quase como assistir a um filme – com a diferença de que se trata de sua vida, com todas as frustrações, substituindo o filme.

Você pode reduzir os efeitos dos estresses causados por tais pensamentos dizendo para você mesma algo como "opa, lá vou eu de novo" ou algum outro reconhecimento simples, que confirme ser seu o comando do pensamento que está criando (ou ao menos ajudando a compor) a confusão. Ao tomar consciência de seu pensamento parte-se a cadeia, interrompe-se o fluxo, abranda-se o ritmo do processo, lhe é devolvido um pouco da perspectiva necessária e resta criar uma oportunidade para recuperar sua orientação. Atribui-se-lhe muito poder porque, ao se reconhecer como ser pensante, também sugere-se que você é a única pessoa que possui a capacidade de modificar ou, no mínimo, levar o conteúdo um pouco menos a sério.

Isso não é para fazer de conta, enfatizo que sua vida está melhor do que ela realmente é ou que você está mais "unida" do que realmente se sente. Ao contrário, trata-se de reconhecer que as coisas estão difíceis nesse momento. Ao mesmo tempo, há um reconhecimento de que a única parte do quadro sobre o qual você tem um grau mínimo de controle (seus pensamentos) também está desempenhando um papel em sua frustração. Ao começar a perceber como seu pensamento está agravando, aumentando e tornando mais dramáticos os problemas e frustrações em sua vida, você vai sentir um pouco de alívio. É o mesmo que queimar a pista da auto-estrada ao pisar fundo no acelerador para, em seguida, aliviar o pé de uma vez. Você ainda estará andando em alta velocidade, ao menos por mais alguns momentos, mas já deu o primeiro passo para diminuir a velocidade.

Nossos pensamentos são ferramentas poderosas. Felizmente as utilizamos com freqüência em nosso benefício. Mas há vezes, para todas nós, em que uma utilização menos intensa é bem melhor. Da próxima vez em que se sentir transtornada ou sobrecarregada, sugiro que dê "marcha à ré" e identifique seu pensamento. Você é capaz de ficar agradavelmente surpresa com a rapidez com que vai se sentir melhor.

73

QUANDO TUDO DÁ ERRADO

🌾🌾🌾

Todas já tivemos ao menos um dia "daqueles", se não mais. Reconheço que meus problemas são insignificantes quando comparados aos da maioria das pessoas, mas peço que sejam indulgentes comigo enquanto compartilho com vocês um dia em que, definitivamente, a Lei de Murphy se fez presente em todos os tipos de probleminhas. Tudo o que podia dar errado deu. A única solução para um dia desses é rir.

Acordo de manhã com trinta minutos de atraso da hora combinada, 06:30, com minha parceira de *cooper*. Minha filha mais velha, Jazzy, insiste em cobrar de mim a promessa de arrumar seu cabelo em quatro trançados com fitas de cores diferentes, tipo tererê, antes de sair para correr. Começo a arrumar o cabelo dela e 10 minutos depois, na opinião dela, "está tudo errado". Desmancho tudo (o que leva quase tanto tempo quanto gasto para ajeitá-lo), só para convencê-la de que estou disposta a arrumar tudo de novo.

Minha parceira de *cooper* bate à porta e eu ainda estou de roupão. Peço a ela que vá adiantando a corrida com Ty, nosso cachorro, ainda na esperança de poder alcançá-la e com ela poder correr alguns quilômetros na volta para casa. Eu contava com a corrida de hoje e sinto-me frustrada por não a realizar. Minha parceira está de volta justo quando estou terminando de dar a última ajeitada no cabelo de Jazzy, ainda de roupão. Minha amiga se despede e vai embora. A essa altura, estou cansada demais para querer correr.

Próximo evento: vou até à máquina de lavar para tirar minha roupa e estendê-la na secadora. Não só dou por falta dos cestos de roupa (porque alguém gosta de apanhá-los para carregar suas coisas de trabalho), mas a mesma pessoa (é, foi ele) que teve a bondade de ajudar com a lavagem de roupas cometeu o pecado cardeal de misturar as roupas brancas com as de cor. Toda a minha *lingerie* e minha camiseta favorita cor-de-rosa adquiriram um tom cinza lamacento. Eu sento no chão e berro!

Aí percebo que este é um exemplo perfeito do tipo de dia sobre o qual devo escrever – cheio de probleminhas a ser postos de lado –, e sei que devo rir porque, afinal de contas, estou escrevendo um livro sobre como não fazer tempestade em copo d'água!

Viu? Todas já tivemos dias assim. Durante esses dias, quando tudo dá errado, agarre-se ao seu senso de humor e compreenda que ninguém está livre de viver dias como "esses", em que tudo que tem possibilidade de sair errado sai mesmo.

Mantenha a perspectiva; afinal, na maioria das vezes, as coisas poderiam ser realmente piores. Mas as probabilidades são de que se você utilizar o riso como uma forma de se libertar, verá o humor contido nos pequenos problemas que acontecem e, com isso, estará a caminho de se livrar dos probleminhas e passar um dia mais feliz.

74

PASSE UM DIA POR CONTA DA INSPIRAÇÃO

❦❦❦

Tanto convivemos com a agitação e os horários apertados que esquecemos que somos nós as planejadoras dessas programações e horários. Nos tornamos escravas de nossas ampulhetas diárias. Certo, senhora planejadora, eu a desafio, agora mesmo, a dar uma olhada na sua agenda e cruzar com um grande "X" um dia qualquer à sua escolha. Comprometa-se a deixar isso ficar assim, de modo a poder considerar esse dia como sendo o do "fluxo de inspiração". Para este dia, você não vai antecipar nenhum plano de atividades, quer para você mesma, quer para qualquer outro membro de sua família. Vai viver um dia de pura inspiração em que vai dar, simplesmente, um passo de cada vez e fazer o que lhe ocorrer a cada momento.

No dia em que ficar por conta da inspiração, acorde sem pressa. Não pule da cama como se tivesse um horário a cumprir. Hoje você não tem obrigações. Vai ensaiar como viver por inspiração. Quando abre os olhos, quais são seus primeiros pensamentos? Se sua mente já estiver a mil, procure respirar fundo, por algumas vezes, de modo a desanuviar a cabeça. Preste atenção no que aflora quando você se pergunta: "Como gostaria de empregar meu tempo hoje?" *Gostaria* é a palavra-chave. Agora não é hora de puxar de seu bloquinho de notas e fazer uma lista, porque nesse dia você vai viver apenas de momento em momento.

Tome posse desse dia com passinhos de bebê e faça somente o que lhe der na cabeça fazer agora mesmo. Se sente vontade de caminhar, faça-o agora. Não deixe para fazê-lo mais tarde. Não planeje parte nenhuma desse dia pela manhã. O que lhe ocorrer fazer vai sofrer modificações constantes durante o dia todo. É só ver o que "dá na telha" e "mandar brasa"!

Seja indulgente com você mesma por um dia. Se sentir vontade de tomar um *sundae* ou comer um pedaço de bolo de chocolate no café da manhã, não hesite. Ou talvez se sinta com inspiração para pintar um cômodo de sua casa. Talvez queira ficar deitada o dia todo, de pijama, na cama. Ou talvez prefira sair de casa com a família, para tomar o café da manhã na rua.

Nesse dia, fique longe do telefone. Tente viver cada momento sem se sentir compelida a cumprir obrigações. Volte a ser criança e brinque ou seja adulta e crie um projeto. Gaste um tempinho qualitativo com os filhos, fazendo arte com eles do tipo "para um dia chuvoso", com o sol brilhando lá fora. Resumindo, viva esse dia por si só.

Você pode estar querendo saber porque deveria fazer isso. A inspiração é como tudo o mais: para tê-la, você tem de aprender a se ligar a ela. Existem muitas coisas que farão parte de seu aprendizado. Em primeiro lugar, tirar um dia de folga lhe dará uma sensação de absoluta liberdade. Pela primeira vez em muito tempo você realmente se sentirá como a senhora de seu destino, mesmo que apenas por um dia!

Pode levar algum tempo até que se acostume com esse recurso e o adote, dependendo de como é estruturada como pessoa, mas meu palpite é que você vai gostar. Ainda vai continuar indo para o trabalho na segunda-feira ou deixando as crianças na escola na hora certa e a vida vai seguir como de costume nos próximos seis dias. A diferença é que você vai estar mais inspirada no trabalho e mais paciente com seus filhos. Você também vai obter uma boa perspectiva, que não traz consigo a frustração de que o centro de sua vida é todo mundo menos você.

Espero que você goste dessa estratégia tanto quanto eu e seja capaz de achar pequenas maneiras de incorporá-la a seu dia-a-dia. Ligar-se ao fluxo de inspiração é fundamental em termos de viver o momento e isso certamente torna a vida interessante e cheia de aventuras – mesmo que apenas por um dia.

75
RECLAME COM QUEM A IRRITOU

🦋🦋🦋

Falando francamente, a irritação parece ser uma área na qual as mulheres ainda lutam com dificuldades. A coisa funciona da seguinte forma: nós temos uma diferença com um membro da família, um vizinho, uma amiga ou quem quer que seja. Ficamos inteiramente enredadas pelo "probleminha" que nos incomoda e damos voltas e mais voltas, sempre martelando o mesmo assunto. Acabamos falando disso com todo mundo, exceto com a pessoa que realmente importa – aquela de quem temos queixa.

Outro dia Sandy, uma amiga, me telefonou. Depois dos "ois" e "como-vais", ela embarcou num assunto que eu podia perceber que a incomodava como um espinho na carne. Ela me explicou, com detalhes, o que vinha acontecendo todas as semanas. Tratava-se de uma vizinha e o assunto referia-se ao transporte solidário. Era muito frustrante que não se pudesse confiar na vizinha para que ela fizesse sua parte. Perguntei por que não explicava isso sucintamente à vizinha, dava uma boa desculpa e se retirava do transporte solidário. Sandy respondeu: "Ah, bem, na verdade o caso não é tão sério assim e, afinal, ela é minha vizinha e sou nova na vizinhança." O que me impressionou foi que a situação a vinha obviamente incomodando já havia algum tempo e, *para ela*, o caso *era* sério. No entanto, o que apreendi de sua resposta foi que ela estava disposta a sofrer as conseqüências e a frustração que representavam ter alguém em que não se pudesse confiar como participante do transporte solidário, para não se arriscar a "criar casos" ou, ainda, a não ser simpática para a vizinha.

Para aquelas que, entre nós, são as "boazinhas", é aí que reside a verdadeira questão. Ficamos com receio de qualquer tipo de confrontação por medo de balançar o barco ou de que não gostem de nós. Preferimos agüentar a frustração diária, ferver de raiva e ulcerar-se de ressentimento, a enfrentar a pessoa com a qual temos uma diferença com a confrontação que fantasiamos.

O problema de lidar com a frustração indiretamente é que a coisa se apresenta duplicada. Primeiramente, o assunto raramente é resolvido dessa maneira porque a pessoa com quem se tem a diferença talvez nem sequer desconfie de que está fazendo algo de errado. O que está acontecendo pode ser culpa dela, mas não se pode culpá-la eternamente por aquilo de que ela nem mesmo tem consciência: que você está aborrecida com ela. Você não lhe deu oportunidade para se emendar.

Acrescente-se a isso que desabafar com os outros, em vez de com a pessoa de quem se tem queixa, faz com que o assunto vá se arrastando com a cadência de uma morte lenta. Ao discutir o assunto com os outros, você estará sempre mexendo na ferida, sendo lembrada de sua frustração. Isso se não a estiver validando e intensificando cada vez mais. Todavia, você não está fazendo nada de construtivo para resolver o problema. De certo modo, você está fazendo uma tempestade em copo d'água porque não legitimou o assunto junto à pessoa certa.

Como proceder para arregimentar a coragem necessária e dizer o que temos em mente à pessoa de quem temos queixa, de forma que seja um discurso construtivo sem parecer defensivo?

A maneira como vejo a coisa é a seguinte: se realmente quer que alguém simpatize com você, como talvez seja o caso de Sandy e sua vizinha, lembre-se de que o respeito é parte integrante da equação. A vizinha não vai ter muito respeito por Sandy se esta continuar a dobrar a língua e prestar-se a ser seu capacho. O respeito vai diminuir ainda mais se a vizinha souber que Sandy anda falando dela pelas costas!

Proponho uma solução melhor. Da próxima vez em que a vizinha der uma desculpa qualquer porque não pôde cumprir o acordo feito, Sandy pode dizer, muito simplesmente, e num tom de voz que não traia nenhuma emoção, que é uma pena, mas esse transporte solidário não vai mais funcionar para ela. Sandy pode continuar dizendo (sempre num tom impessoal) que, de seu ponto de vista, no que tange a compromissos, o transporte solidário tem de ser uma via de mão dupla. Sandy pode acrescentar que, sem dúvida, compreende que de tempos em tempos surjam coisas inesperadas, mas é preciso contar com alguém cuja disponibilidade seja mais contínua, para que haja retribuição. É desnecessário mostrar-se esquentada, zangada, transtornada ou aborrecida ao dizer isso; ao contrário, tais atitudes a desfavoreceriam. Basta que seja firme e cite os fatos.

Sandy pode descobrir que sua vizinha compreendeu mal o que se espera de um transporte solidário ou que se aproveitaram dela. De qualquer maneira, o assunto vai ficar resolvido e Sandy não vai mais se sentir posta em xeque sempre na mesma situação desagradável.

Uma outra coisa a levar em consideração, em se tratando de um conjunto mais sério de queixas (com o marido ou outro membro da família, por exemplo), seria optar pelo caminho do conflito, porque esse geralmente precipita melhor compreensão da situação com a qual se está lidando. Isso se torna especialmente realidade se os que estão em conflito têm condições de discutir seus sentimentos a partir de uma posição de compaixão mental, talvez até desaguando numa conversa franca. Em caso negativo, mesmo assim é possível chegar a uma compreensão melhor das coisas.

Por mais que você se esforce para evitá-lo, o conflito faz parte da vida. Mesmo se, por natureza, não for dada a conflitos, sua sorte não será suficiente para escapar de todos eles.

Então, encare suas queixas, especialmente aquelas mais constantes (não confundir com as que resultam de simples irritações causadas por mau humor), como uma oportunidade de melhorar a comunicação com alguém com quem você se importa ou uma pessoa com quem tenha de lidar. Uma queixa ou reclamação não é algo negativo, mas é, pelo contrário, uma forma necessária e respeitosa de obter esclarecimento. Quando você reclama com quem tem uma diferença, abre a porta para uma conversa que flui nos dois sentidos e vai ajudar as duas pessoas na formação de um entendimento melhor. Você estará demonstrando grande dose de respeito pela pessoa ao lhe oferecer a oportunidade de ouvir o que você tem a dizer e dando-lhe igual oportunidade de responder.

À medida que vai adquirindo confiança para antecipar a fala do que lhe passa na cabeça, especialmente de fazer a reclamação com a pessoa de quem tem queixa, seus ressentimentos se tornarão menores e todos os seus relacionamentos serão mais esclarecidos. Existem, geralmente, dois lados para a mesma moeda e as probabilidades sugerem que o que existe é um simples mal entendido que pode ser esclarecido. A pessoa de quem você tem uma queixa pode ter uma desculpa válida – ou ela pode, por sua vez, até ter uma queixa de você. Tudo bem, não importa qual o caminho que leva ao entendimento. E aqui vai algo em que pensar. Se alguém não gosta de você só porque você está expondo honestamente seus sentimentos, que se há de fazer? *C'est la vie!* Afinal, a vida continua.

76

TEMPERE *SEU* LADO *SEXY*

❦ ❦ ❦

Senhoras, senhoras, falemos do desejo. Quando foi a última vez que o sentiu? Se tiver de fazer força para se lembrar, é chegada a hora de temperar seu lado sexy.

Uma das reclamações mais freqüentes que Richard e eu ouvimos, partindo de casais que se sentem infelizes no casamento, é que, de modo geral, a maior parte de sua vida foi boa, exceto pelo lado sexual, que sofreu várias quedas, se é que, com o passar dos anos, não rolou morro abaixo. Depois de ter filhos, a vida sexual freqüentemente se torna praticamente inexistente. Um dos parceiros – geralmente, mas nem sempre, o homem – dirá "tínhamos uma vida sexual formidável antes de nos casarmos" ou "tínhamos uma vida sexual esplêndida durante toda a nossa lua-de-mel, que durou três anos. Aí simplesmente tudo acabou!"

O que acontece com os impulsos sexuais das mulheres e às vezes dos homens depois de muitos anos de casamento e dos filhos? A pergunta é um desafio que requer sua coragem para respondê-la e requer, também, que discuta esse assunto como casal porque ele pode se tornar importante para a sobrevivência de seu relacionamento. Na maioria das vezes trata-se de um problema de comunicação entre parceiros. Um parceiro pode ter um impulso sexual muito mais elevado do que o outro. Acrescentem-se a isso outros assuntos que podem estar pendentes de solução e que nada têm a ver com sexo mas que, com o passar do tempo, geram ressentimentos. Se esse for o caso, talvez seja recomendável procurar aconselhamento matrimonial. Uma vez que consiga desabafar alguns desses problemas e contando com a compreensão de seu parceiro, é possível que você passe a sentir por ele uma atração maior (e vice-versa).

Embora sexo não seja, certamente, o objetivo principal de um casamento – nem a derradeira expressão que esclareça o significado da verdadeira intimidade –, ele é inestimável para nutrir uma ligação duradoura entre duas pessoas saudáveis. Sei que se trata de um assunto muito pessoal e que existem muitas razões que poderiam explicar a falta de impulso sexual, entre elas as de origem hormonal. (Não seria má idéia obter uma avaliação médica de seu ginecologista.) Mas, salvo impedimentos de ordem física, o esforço para manter um relacionamento sexual saudável com seu parceiro sempre vale a pena.

No dia de meu casamento, um cinqüentão, velho amigo da família, se aproximou de mim e me recomendou o seguinte: "Ele é um bom homem, Kris. Aceite meu conselho: faça a felicidade dele em casa, que ele não a irá procurar na rua!" Inicialmente, para dizer a verdade, me senti ofendida com o que disse e pensei: "Tudo bem, mas é melhor que ele também me faça feliz em casa!" Mas, com o passar do tempo, fui descobrindo que ele tinha razão (aplicável tanto aos homens como às mulheres). As pessoas são criaturas sexuais; elas necessitam de muitos abraços, beijos e carinho. Você não pode privar seu marido sexualmente e achar que ele não vai molhar o bico em outra freguesia; o mesmo, é claro, seria válido para você, se ele a privasse inteiramente de sexo.

Certa vez ouvi no rádio um médico afirmar que "os casais estão cansados demais para fazer do sexo uma prioridade". Cuidar da família e mais o empenho para equilibrar as contas financeiramente contribuem, algumas vezes, para drenar toda nossa energia. E, se seu sono anda deficitário (como no caso de filhos ainda pequenos), isso certamente não vai ajudar em nada a intimidade amorosa. Existem ocasiões, durante um relacionamento de longa duração, em que os contatos sexuais se assemelham aos fluxos e refluxos das marés, com enchentes e vazantes; acredite-me, isso é normal. Você só não quer é deixar que aquelas "vazantes" se arrastem por muito tempo.

Nos nossos 15 anos de casados, Richard e eu enfrentamos algumas de nossas próprias enchentes e vazantes. Eu me lembro de uma fase de nosso casamento, quando nossas filhas ainda eram pequenas, em que fazíamos piadas de nossa abstinência sexual. Eu sabia que ele não queria me pressionar ou achar-se rejeitado se eu alegasse estar cansada demais. Por uns tempos ele simplesmente deixou de me procurar.

Um dia acordei sobressaltada e me perguntei o que havia acontecido com aquela mulher cheia de vigor que eu costumava ser. Veio-me à cabeça o conselho que me foi dado no dia de meu casamento. Percebi que tinha de temperar meu lado sexy e me lembrar de como eu era nos primeiros anos de nosso relacionamento.

O que mexe com *você* pode ser inteiramente diferente, mas eu me "amarro" na espontaneidade. Achei que isso ajudaria a temperar meu lado sexual. Adoro começar com um "ataque surpresa" nos momentos em que ele menos espera – e, ah, como ele gosta de ser surpreendido! A maioria dos homens gosta quando você toma a iniciativa, pelo menos algumas vezes. Tendo crianças a correr pela casa, a espontaneidade se torna quase impossível, logo você precisa se tornar muito criativa. E pôr trincos nas portas, um requisito básico! Se você tem de planejar, mencione sua idéia pela manhã e use o tempo de espera para provocá-lo um pouco durante o dia. Você ficará surpresa com o quanto a antecipação faz aumentar o desejo em ambos!

Seguem-se algumas idéias que, se não são originais, pelo menos servirão de inspiração para temperar seu lado sexy: apareça no escritório dele e tranque a porta – preciso ser mais explícita? Ilumine o quarto de dormir com velas e espere por ele na cama. Compre calcinhas e sutiãs sugestivos. Da próxima vez em que você planejar um "encontro noturno", reserve um quarto de hotel por uma noite, em substituição ao jantar seguido de uma sessão de cinema. Não se preocupe, ele não vai se queixar da despesa extra! Defina o local exato de sua paixão e reative aquela parte pela qual ele sempre se mostrou atraído. Livre-se daquelas suas facetas de seriedade, cansaço, cumpridora fiel, grande responsável e acenda a fogueira. Uma atitude sombria nunca foi sexy. Ao ataque! E procure se divertir um pouco.

Se sua vida sexual está satisfatória mas você está à procura de uma ligação espiritual mais forte e uma união mais profunda de sua intimidade, analise a possibilidade de freqüentar uma academia de ioga que se paute pelo tantra ou leia com ele um livro sobre o assunto. E então... a prática leva à perfeição.

A verdade é que a maioria dos casais que são felizes faz sexo! Não há dúvida quanto a isso ser necessário para a sobrevivência de seu relacionamento de longa duração. Portanto, só depende de você querer assumir o comando e temperar seu lado sexy. Isso vai mantê-la jovem e vocês *dois* serão felizes em casa!

77
ADOTE O PADRÃO
99 POR CENTO *SEM* FOFOCA

Pensei em chamar este capítulo de "a fofoca não mais como esporte", mas não gosto de pregar o "faça o que eu digo mas não faça o que eu faço". Percebi que estaria me enfiando num buraco do qual não poderia mais sair, pois parece que quase todo mundo – e não sou exceção – participa, de uma forma ou outra, de fofocas. Por mais que eu procure restringir o que falo de outras para outras pessoas, compreendi que teria maiores possibilidades de ser bem-sucedida nesta tentativa (e talvez você também) se o padrão fosse posto no nível de 99 por cento sem fofoca.

Ao que parece, o estudo do comportamento humano – nossas observações e boatos – é interessante demais para não ser repartido! Sendo realmente francas entre nós, você não acha que sentimos uma certa dose de segurança e alívio em partilhar um caso bem suculento que está acontecendo com outras pessoas? Somos gratas, no exato momento em que as palavras saem de nossas bocas, que o caso tenha acontecido com elas e não conosco. Também parece que estamos mais propensas a fofocar sobre pessoas das quais não gostamos tanto assim, porque talvez tenhamos uma pontinha de inveja, ou por uma ou outra razão qualquer (provavelmente não vamos querer admitir isso).

A necessidade de alimentar fofocas pode ter sua origem em um pouco de enfado com o que acontece – ou não acontece – em nossas vidas. Talvez estejamos querendo impressionar alguém, para que nos ache interessantes, por sermos donas das notícias mais "quentes".

Tive uma colega de quarto na faculdade que me impressionou muito. Nós tínhamos o costume de gastar horas a fio falando de tudo, desde rapazes até o lado espiritual da vida. De vez em quando se tocava no nome de alguém e eu começava a fazer uma observação sobre essa pessoa. A colega fazia sinal para que eu parasse, punha as mãos sobre os ouvidos e dizia "não quero ouvir nem desejo falar sobre qualquer coisa que diga respeito a outra pessoa, se o comentário for maldoso ou potencialmente inverídico"! Isso me deixava desarmada e, só para conferir sua coerência, eu a provoquei em outras ocasiões. Mas o resultado era sempre o mesmo – ela se empenhava em seguir a regra em cem por cento! Eu tinha a maior admiração por ela. Seu exemplo era de tal nível que eu senti que poderia confiar a ela qualquer segredo que por acaso tivesse.

A não ser que queira ser conhecida como o tipo de fofoqueira que conta qualquer coisa para qualquer pessoa, tente restringir suas fofocas a uma amiga, como eu faço, e mesmo assim não use esse expediente com muita freqüência. Faça do "padrão 99 por cento sem fofoca" sua meta e, seja lá o que comentar, nunca o faça em termos de fofoca sobre a única amiga a quem você confidencia suas fofocas!

78
TENHA UMA ALTERNATIVA PARA A BABÁ

❦❦❦

Se dar conta da carreira e da maternidade não for suficientemente estressante, então que tal procurar, até achar, uma creche de qualidade ou uma boa agência de babás? Isso certamente bastaria para mudar o modo de encarar seu trabalho. As mulheres que são forçadas a deixar seus filhos aos cuidados de outra pessoa sofrem os maiores estresses: achar alguém a quem possam confiar a parte mais importante de suas vidas – seus filhos. Ao encontrar, finalmente, alguém em quem pode confiar, o alívio que sente é imediato. Mas até as melhores babás precisam faltar ocasionalmente, seja por motivo de doença, seja por compromissos ou coisas do gênero.

Um quadro típico é o seguinte: você planejou deixar seu filho com a babá e dar uma corrida até o trabalho para participar de uma reunião às 9:15h, seguida de um compromisso às 11:00h e, logo depois, comparecer a um almoço de negócios. Às oito da manhã daquele dia, a babá telefona para dizer que está gripada. Ou então seu filho ou filha freqüenta uma creche diurna e passou mal durante a noite. Você não pode despachar a criança doente para a creche, logo alguém tem de ficar em casa com ela. Adivinhe quem vai ficar em casa com a criança, obrigando a mãe a remarcar todos os seus compromissos? Na maioria das vezes (mas nem sempre), é a mulher; afinal a "mamãe" é ela.

Conheço algumas mulheres inteligentes que chegaram à conclusão de que precisavam de um apoio alternativo para a babá. Você também deve se precaver com uma alternativa. Desta forma, se por alguma razão a babá não puder tomar conta de seu filho ou filha, você teria uma outra pessoa de confiança a quem recorrer. Seria ótimo se a alternativa fosse um parente, mas isso seria pouco provável dado que atualmente os núcleos familiares se encontram espalhados pelo país. Achar alguém que tome conta de crianças e que esteja disponível à última hora pode ser difícil, mas como essa situação (assim se espera) não vai ocorrer mais do que umas poucas vezes durante o ano, encontrar essa disponibilidade não seria impossível. É importante manter contato com essa pessoa de tempos em tempos, mesmo que não esteja utilizando seus serviços com muita freqüência. Telefone para ela só para dar um alô e lembrar-lhe de que você ainda está contando com ela quando e se ocorrer uma emergência. Dessa maneira, quando chegar o momento, você não a pegaria de surpresa.

Outra solução é fazer o rodízio com o marido: uma vez ele não vai para o trabalho e fica em casa; da próxima vez, você faz isso. Pelo menos assim, cada vez em que a babá faltar, não vai ser só você a que sempre tem de virar o dia pelo avesso. Ou combine as coisas de modo que você dê cobertura na maioria das vezes, mas seu marido preencha a vaga quando, por exemplo, você tiver uma reunião importante com um cliente.

Uma alternativa mais cara – mas que funciona se você estiver realmente desesperada – é conservar, junto ao telefone, o número de uma agência de babás cuja qualidade você já conferiu previamente. Talvez o custo por hora desse serviço seja mais elevado, mas se você simplesmente não tiver condições de se ausentar do trabalho naquele dia, essa passa a ser uma solução possível. Talvez tenha uma boa amiga que não trabalhe fora e que, num aperto, possa tomar conta das crianças enquanto você estiver fora. (Nesse caso, toda vez em que ela lhe der uma ajuda você deverá retribuir, oferecendo a disponibilidade de suas noites ou fins de semana.) É preferível providenciar essas medidas mais cedo a mais tarde. Você até pode levar esse modo de constituir alternativas um passo à frente e arranjar uma segunda alternativa!

De qualquer maneira, é importante que você não fique perdida quando seu filho ou sua babá adoece. Se sua presença no trabalho for imprescindível, você não vai querer estar se preocupando com quem está cuidando de seus filhos. Porque, afinal, essa é, das prioridades, a mais importante.

79
NÃO SE PESE TODOS OS DIAS

❦ ❦ ❦

As mulheres mais equilibradas, no que diz respeito ao aspecto físico de seus corpos, raramente se pesam. Elas não aceitam se preocupar, em demasia, com seu peso. Algumas mulheres, por outro lado, só têm um "bom" dia quando o ponteiro da balança indicar um peso inferior a determinado número. Eu me encontro em algum ponto entre essas duas posições. A tendência quase obsessiva, em matéria de dieta e exercícios, é uma de minhas lutas particulares.

Eu costumava pesar-me todos os dias. Subia na balança sempre depois da corrida matinal e, completamente nua, prendia a respiração e aí conferia o resultado. A consulta diária de meu peso contribuía, tal como o barômetro, na previsão de como iria me sentir naquele dia. Por falar em tempestades em copo d'água, meio quilo a menos e eu me sentia eufórica! Meio quilo a mais e eu "caía em depressão".

Por sorte minha, um dia a balança quebrou. Passaram-se várias semanas antes que eu a substituísse. Como fui forçada a interromper o hábito de me pesar, percebi que me sentia muito melhor quando não me pesava todos os dias. Constatei que o costume de me pesar diariamente estava alimentando a tendência de me preocupar demasiadamente com meu corpo e minha aparência. Ao eliminar esse pequeno hábito, que havia se transformado em algo muito grande na minha mente, eu me senti mais feliz e muito mais tranqüila.

Uma boa amiga debatia-se com o mesmo problema. Ela ficava alvoroçada se perdesse de meio a um quilo e, ao contrário, ficava muito deprimida se seu peso tivesse aumentado. Expliquei-lhe que eu também costumava me pesar todos os dias. Perguntei se, ao acordar, ela se punha automaticamente "de tromba" caso o sol não estivesse brilhando. Ela riu e disse: "Claro que não." Falamos de como nos sentíamos melhor quando nos sentíamos mais leves. Mas a verdade era a seguinte: ao permitir que caíssemos na esparrela da falsa euforia, sentida nos dias de peso menor, agíamos como se autorizando o tempo meteorológico a ditar como iríamos nos sentir naquele dia.

Tudo bem que você cuide da aparência e é certamente uma boa idéia cuidar de sua saúde ao comer o que é recomendável e, ainda, espremer um tempinho do relógio para fazer exercícios. Mas é prejudicial e obsessivo pesar-se todos os dias. Ao deixar de lado esse comportamento obsessivo você vai achar uma paz maior e, também, mais satisfação.

80
JUNTE AO MUNDO MATERIAL O ESPIRITUAL

Com todas as características da vida no mundo material, esta estratégia é, freqüentemente, mais fácil de ser enunciada do que aplicada. Nós aprendemos, desde a mais tenra idade, que adquirir coisas, colecionar realizações e sair em busca de experiências que excitem é o que nos fará felizes. E, ainda que não haja nada de errado com qualquer uma dessas coisas – elas podem ser partes que enriquecem a vida –, é importante saber que, em última instância, nenhuma dessas coisas, de *per si*, fará com que você se sinta feliz.

Se desse um passo atrás, saltaria à vista que, se essas coisas a fizessem sentir-se completa como pessoa, isso já teria acontecido! Afinal de contas, a grande maioria de pessoas já conseguiu atingir muitos daqueles objetivos que, em épocas anteriores, havíamos rotulado como os que nos "iriam fazer felizes". Amealhamos um patrimônio que "nos traria alegria e uma sensação de segurança", e passamos por muitas experiências excitantes que iriam "nos trazer satisfação". E, embora tenhamos colhido bons resultados, ainda que em menor grau, continuamos querendo sempre mais. Por alguma razão, ficamos torcendo para que a próxima coisa da lista seja a que vai resolver "o problema" de forma definitiva.

Freqüentemente, ao viajar para outras partes do mundo, nós, nascidos nos EUA, tomamos repentinamente consciência de como somos materialmente ricos e, no entanto, como somos deficientes em espiritualidade.

Alguns anos atrás, numa viagem à Índia, eu e meu marido passamos por uma experiência que nos abriu os olhos. Embora eu julgasse ter-me preparado mentalmente, na verdade estava pasma com o nível de pobreza em que muitas pessoas viviam nas grandes cidades. Isso sensibilizou nossos corações, o que, por sua vez, nos deu uma perspectiva ímpar do quanto possuímos, em termos materiais, e como freqüentemente ainda sentimos a necessidade de sair em busca de mais. Em outras palavras, as coisas (experiências, realizações, engenhocas, dinheiro) não nos levaram a sentir, automaticamente, satisfação – isso teria de vir de dentro.

Superficialmente parece que temos maiores oportunidades de sair no encalço de nossa natureza espiritual quando nossas necessidades físicas de sobrevivência estão resolvidas. Como Abraham Maslow nos lembra em seu livro *Hierarchy of Needs* [*A hierarquia das necessidades*], à medida que nossas necessidades básicas vão sendo satisfeitas, atenção e esforços vão sendo liberados de modo a que possamos orientar nossas energias para as necessidades mais profundas do ser humano, assim como para a vida espiritual. Todavia, é o oposto que geralmente acontece. A maioria de nós parece ficar tão aprisionada por nossos desejos e carências materiais, assim como por nossas ambições e necessidade de querer sempre mais, mais e mais, que desprezamos nosso "eu" espiritual para favorecer os confortos físicos e a satisfação instantânea.

Por outro lado, um país como a Índia pode estar entre as culturas espirituais mais ricas do mundo, apesar das enormes dificuldades materiais que uma grande maioria de seu povo enfrenta. Por que acontece isso?

Numa cultura que historicamente se assentou em um sistema de castas, é possível que a predominância desta mentalidade faça com que falte a um grande número de indianos a confiança de sair em busca da realização de sonhos materiais ou de segurança financeira. Isto poderia se dar, em parte, como conseqüência da crença de que as pessoas nascem no interior de suas circunstâncias e que suas vidas são predestinadas. Essa condição talvez ajude a libertá-las para explorar, internamente, o reino espiritual. Durante nossa estada na Índia, muitas pessoas partilharam comigo a óbvia, porém poderosa, verdade que a capacidade de se nutrir o espírito, de abraçar nossa espiritualidade e de voltar-se para a alma está ao alcance de todos – independentemente de nossas circunstâncias.

Por outro lado, aqueles dentre nós favorecidos pela fortuna, do ponto de vista material, não têm experimentado com freqüência a bênção que brota de dentro para fora. Em vez disso, muitos de nós acreditamos que estaremos abençoados ao realizar nossos desejos materiais e conquistar a liberdade financeira. Mas se a liberdade financeira é uma bênção, por que tantas pessoas que a conquistam se sentem absolutamente infelizes?

Não estou propondo que seja adotada a pobreza voluntária. Todavia, do meu ponto de vista, um dos verdadeiros desafios espirituais reside em despertar para o fato de que nos são dadas as distrações de um mundo material para que enxerguemos além dele; sejamos capazes de viver com as facilidades sem ficar extremamente dependentes delas; sejamos capazes de adquirir coisas sem ser gananciosos ou destituídos de ética; sejamos capazes de apreciar e comprazer-nos com as coisas boas, sem desprezar a beleza contida na simplicidade e na natureza e compreender que, de qualquer forma, ao chegar ao fim, nenhuma das "coisas" tem realmente muita importância.

Seguindo as mesmas linhas gerais, podemos usar os desafios do mundo material para ajudar-nos a crescer e nos tornar pessoas melhores. Por exemplo, ser dono de um computador é uma comodidade material, mas, quando ele pifa, você se descabela ou pode se valer desta experiência para melhorar sua perspectiva? Quando você vai ao seu restaurante favorito e ele está fechado, na segunda-feira à noite, você consegue se lembrar de como é verdadeiramente abençoada por ter uma renda disponível para sair e jantar fora? Podemos utilizar a maioria ou mesmo todas as nossas experiências do dia-a-dia, inclusive os aborrecimentos, como confirmações de que a vida não está correspondendo às nossas expectativas – ou podemos fazer uso delas para evoluir, tornar-nos mais pacientes e amorosos.

O que realmente importa, naturalmente, é como aprendemos a amar – a nós mesmas, um ao outro, a natureza, a comunidade, o mundo, nosso Deus ou entidade espiritual. Em nossos leitos de morte, poucos de nós estarão dizendo: "Puxa, eu queria ter sido mais sensível" ou "Eu queria ter juntado só mais um pouco de coisas." Em vez disso, a maioria de nós reconhecerá que fazer tempestade em copo d'água, se aborrecendo por tanto tempo, realmente não valeu a pena. A vida é curta e é também maravilhosa demais para ser desperdiçada por frustrações tão triviais.

Embora seja bom se comprazer de seus benefícios materiais – e certamente é recomendável o trabalho árduo para que você e seus entes queridos possam apreciá-los e se sentir seguros –, é importante compreender que, se quiser ser feliz, essas coisas não são o objetivo final. Ao fundir o mundo físico, o mundo material, com seu mundo espiritual, há uma série de perguntas que podem ser feitas. Você vive bem pautando-se pelos valores e princípios espirituais que estabeleceu? Você usa os desafios diários que despontam para conferir seus valores? É o domingo o único dia em que você dedica uma pequena parcela de seu tempo ao exercício espiritual? O quanto é bem-sucedida ao fundir seus princípios espirituais com sua carreira?

Para nos sentir satisfeitas, temos de achar um modo de fundir nosso "eu" espiritual com o mundo material. Afinal, somos seres espirituais que têm uma experiência humana! Porque os detalhes de nossas vidas são tão diferentes, o modo como esta estratégia se desdobra também vai variar de pessoa para pessoa. Eu tenho confiança, contudo, de que, com um pouco de reflexão sincera, você será capaz de fazer a fusão dos dois. E quando o conseguir, então perceberá que valeu a pena!

81

SAIBA QUANDO DEVE DESLIGAR AS ARMADILHAS TECNOLÓGICAS

❦ ❦ ❦

Lembra-se de quando costumávamos chamar a televisão de "tela do palerma" (a expressão não era odiosa?) porque ela começou a dominar nossas vidas de forma obsessiva? Como revolução sucessora, a tecnologia de ponta instalou-se entre nós da mesma forma que a televisão. É importante que perceba quando os artefatos avançados de comunicação passam a funcionar como limitadores de sua liberdade, escravizando-a em vez de fornecer-lhe novas oportunidades para o seu crescimento.

A escolha é nossa: permitir que a tecnologia nos favoreça, providenciando mais tempo e espaço para viver, ou nos tornar prisioneiras de sua velocidade, o que vai perpetuar nossa necessidade de fazer cada vez mais num dia. É fácil esquecer o fato para o qual Richard chama atenção em seu livro *Não faça tempestade em copo d'água*: "Lembre-se de que, ao morrer, sua caixa de entrada não estará vazia." Ela nunca vai se esvaziar de todo; logo, quanto de sua preciosa energia vital você vai sacrificar no esforço para atingir o inatingível?

Prometeram-nos, bem no início da era dos computadores, que a nova tecnologia aumentaria nossa eficiência e isso resultaria em mais tempo de lazer. Mas, na verdade, nos tornamos mais frenéticas, executando simultaneamente mais tarefas a maior velocidade – em parte devido aos *pagers*, sistemas de telefonia móvel, facsímiles e, é claro, a internet e a revolução comercial do correio eletrônico. Com o advento dos telefones celulares parece que, cada vez mais, deixou de haver uma boa desculpa para não responder às chamadas telefônicas, mesmo quando você está de férias ou tirando um tempinho para ficar com seus filhos. O objetivo dessas engenhocas era pôr mais tempo à nossa disposição para obtermos uma qualidade de vida melhor, não para assenhorear-se de nossas vidas!

Pode ser que queira fazer uma escolha diferente e, com isso, estabelecer um novo padrão para seus hábitos de trabalho, onde a tecnologia está a seu serviço; para tornar disponível mais tempo para viver, em vez de mais tempo empregado para dar conta de mais trabalho. Por exemplo, as mulheres reclamam freqüentemente de que têm muito pouco tempo para falar com seus filhos em idade escolar. Por que, então, tantos pais gastam o tempo que levam para transportar as crianças para a escola ou as trazendo de lá para falar com outras pessoas em seus telefones celulares e não com os filhos? Aquele trajeto de 15 minutos de automóvel pode ser sua oportunidade de se ligar aos filhos e lhes dar sua completa atenção.

A tecnologia pode se tornar prejudicial para sua qualidade de vida quando você usa o tempo que ela economizou para dar conta de mais trabalho. Talvez você considere ilimitado o número de chamadas às quais pode responder em um dia. Em vez de restringir o uso do celular para responder às chamadas a caminho de casa, para que ao chegar em casa você possa gastar o tempo economizado com aqueles a quem ama, você o deixa ligado até quando está assistindo ao jogo de beisebol de seu filho. Ou, no mesmo instante em que entra pela porta de casa, você liga seu laptop para conferir seus e-mails, em vez de participar com sinceridade da conversa de seus filhos e marido. Deixamos que a tecnologia nos imprimisse um ritmo mais acelerado ainda. Mas para onde, em nome de Deus, achamos que essa correria vai nos levar?

Em busca do equilíbrio, como qualquer outra coisa na vida, podemos permitir que a tecnologia trabalhe a nosso favor e, para tanto, estabelecemos limites adequados e não nos deixamos cair em suas armadilhas. Avalie quais as horas mais convenientes para desligar seu pager e o celular. Isso é especialmente verdadeiro se você é mamãe que trabalha fora e quer arranjar um tempo para dedicar ao marido e aos filhos.

Não se deixe transformar numa escrava das engenhocas que se destinam a ajudá-la. Cuidado, não permita que o ritmo acelerado da tecnologia faça de você uma vítima, seduzindo-a a se afastar do equilíbrio. Ao permitir que a tecnologia trabalhe a seu favor, de modo a se tornar realmente mais eficiente, você dará conta de mais tarefas dentro do mesmo tempo; desnecessário querer trabalhar ainda mais! A tecnologia deveria ser sua amiga e não, inimiga; quando utilizada adequadamente, ela vai aumentar sua qualidade de vida, abrandar o passo apressado e permitir que tenha mais tempo disponível para passar com aqueles a quem você mais ama.

82
NÃO DEIXE QUE A RAIVA A DOMINE

❦❦❦

Centenas de oportunidades se apresentam para que apliquemos essa estratégia. Esse é um recurso que você pode achar de extrema utilidade, especialmente para se comunicar com a pessoa com a qual está em conflito.

Se você teve de contratar um empreiteiro para ajudá-la a construir, reformar ou consertar a casa ou o apartamento, compreenderá as frustrações que resultam de lidar com muitos deles. No ano passado fomos confrontados com uma situação nada agradável, na verdade detestável, ao constatar que nossa fossa séptica havia entupido. Após batalhar muito junto às duas agências, a de saúde ambiental e a do sistema de esgotos da cidade, optamos por nos ligar à rede dessa última. Isso exigia que um cano fosse enterrado, desde nossa casa até um ponto bem distante morro abaixo, onde teríamos de construir uma estação de bombeamento para daí enviar os dejetos para cima de outro morro até uma rua distante cerca de 120 metros. Isso era uma solução dispendiosa; todavia, achamos que ela seria mais duradoura.

Pouco mais de um ano depois, começamos a ter problemas com nossa estação de bombeamento. Passaram-se vários dias até que o empreiteiro viesse dar uma olhada e mais uma semana para que o "especialista" viesse resolver o problema. Aparentemente eles resolveram o problema.

Recentemente, a caminho da casa de uma vizinha, para ajudá-la a plantar algumas flores, passei pela estação de bombeamento e o cheiro logo me informou que a coisa estava funcionando mal, novamente. Pode bem imaginar que minha reação inicial não foi de alegria. Muito pelo contrário: "rodei a baiana", pronta para ameaçar o empreiteiro com uma ação na justiça. Mas, em vez de partir para a briga, respirei profundamente várias vezes e fiz um esforço para não deixar que a raiva tomasse conta de mim, já que ninguém reage bem a uma agressão. Na verdade, o que acontece é geralmente o oposto. Quando tratada com respeito, mesmo num caso desagradável, a maioria das pessoas reage com retidão e faz o que for possível para corrigir a situação. E isto foi exatamente o que aconteceu quando informei ao empreiteiro, com toda a calma, o que estava ocorrendo. O especialista apareceu meia hora depois para avaliar o novo problema.

Ao evitar que a raiva a domine, procure direcionar essa energia para a solução do problema. Sua determinação vai se tornar patente para quem for o destinatário de sua mensagem. Se permitir que a raiva a domine, logo se encontrará a um passo da explosão que vai jogar a solução para fora de seu alcance. Lidar com um problema de cabeça fria sempre produz melhores resultados; as cabeças ditas quentes geralmente não resolvem muita coisa porque as pessoas não costumam anuir quando submetidas a condições desairosas. Um grande número de pessoas, quando agredidas, dará preferência à reação a admitir que estão erradas. Quando sua firmeza é aparente, mas não agressiva, os resultados pretendidos serão atingidos.

Naturalmente, o mesmo é verdade quando está lidando com o marido ou os filhos. Por exemplo, se você explode com seus filhos por não arrumarem seus quartos, eles provavelmente darão de ombros (especialmente se forem adolescentes). Mas se falar com eles racionalmente, expondo as razões pelas quais não pode sair por aí catando as coisas que eles vão largando, dadas as outras tarefas que tem de fazer, várias crianças se comportarão de forma muito mais responsável. Talvez elas não mantenham seus quartos arrumados no nível de seu entendimento do que seja arrumação, mas provavelmente conseguirão fazer a arrumação segundo seus próprios padrões, resultado bem mais promissor do que os que você obteria se continuasse a berrar com elas.

Quando aprender a reduzir o tamanho da reação, você não vai aliviar somente o estresse daqueles que são a causa dela mas sua vida também vai se tornar muito menos estressante e mais tranqüila. Na verdade, ao resolver que não vai permitir que a raiva a domine, você talvez esteja tomando uma das decisões mais importantes de sua vida.

83

AGARRE *SUAS* OPORTUNIDADES

❦❦❦

Observei extraordinária correlação entre as mulheres que agarram suas oportunidades para sair um pouco, tirar uma folga ou distanciar-se dos problemas e as que se sentem felizes, relaxadas e satisfeitas. Estou me referindo especificamente àquelas mulheres que não somente antecipam o momento em que tirarão algum tempo para si mesmas, mas também que aproveitam quando essa oportunidade se apresenta. Infelizmente, parece que o contrário também acontece. As mulheres que evitam, adiam, negligenciam ou fabricam desculpas porque "não podem" ou "não devem" tirar um tempinho para elas mesmas freqüentemente se sentem exaustas, estressadas, exauridas e até ressentidas.

Pode ser reconfortante saber que você é uma mulher que não tem medo de usufruir de um descanso ocasional ou até recorrer a uma aventura. Quer seja uma noitada, uma passada pela livraria, uma caminhada no bosque ou um fim de semana fora, só ou com amigas – tempo gasto longe de qualquer responsabilidade –, isso é uma necessidade emocional e espiritual.

Entretanto, o que acho mais interessante é o seguinte: embora a maioria das mulheres possa concordar que o tempo gasto fora de casa é importante, existem, todavia, outras tantas que arranjarão sempre um jeito para não fazer isso. Conheci mulheres que, na verdade, têm muitas oportunidades, mas não as identificam. Por exemplo, uma amiga convida uma dessas pessoas para sair uma noite. Ou alguém sugere um fim de semana para saírem juntas. Ou talvez ela preferisse programar um dia para fazer qualquer coisa sozinha. No entanto, em vez de dizer "grande idéia, vamos fazer isso" (ou "vou fazer isso"), ela dirá: "Eu bem que gostaria, mas tenho muita coisa para fazer" ou "Esta não é uma boa hora para isso."

Por mais válidas que sejam suas razões, a verdade é que, bem lá no fundinho, ela sabe que gostaria muito de dar um tempo. Mas em vez de tomar as providências para fazer com que isso aconteça, ela se esquiva do divertimento, viola sua necessidade de descanso e então – consciente ou inconscientemente – se ressente disso. Sei que é verdade porque o tempo todo ouço isso. As mulheres estão sempre me dizendo: "Eu gostaria de sair mais ou fazer mais por mim."

Conheci uma mulher que constantemente aspirava a ter um tempinho longe dos filhos. Quando amigos ou familiares diziam "olhe, gostaríamos de contar com seus filhos para o fim de semana", ela respondia educadamente: "Obrigada, mas essa não é uma boa hora." Nunca era o fim de semana certo; sempre havia uma boa razão. Aí, na próxima vez em que eu a encontrava, ela ou se queixava de como andava exausta ou dizia como seria maravilhoso – e como certas mulheres eram sortudas de – achar uma forma de dar uma "escapulida" com seus maridos. Ela mesma tinha muitas oportunidades mas nunca as aproveitava.

É claro que você não pode, nem ia querer, tirar proveito de todas as oportunidades que se apresentam (a não ser que elas sejam realmente raras). Todavia, se tem por hábito desprezar as oportunidades que se oferecem, vai deixar passar também o ensejo de ter uma vida mais equilibrada. Logo, preste muita atenção nas brechas que se apresentam, para dar um distanciamento dos problemas ou dar-se uma folga. Talvez se delicie com o modo como vai se sentir bem.

84
CAMPO AMPLIADO, PERSPECTIVA MELHORADA

Quando se sente arrasada e excessivamente concentrada nos "probleminhas" e a vida simplesmente não está correspondendo a todas suas esperanças e sonhos, freqüentemente a ampliação do campo ajuda a reduzir a dimensão de seus problemas. Você pode ampliar a perspectiva de forma a incluí-la no desígnio maior das coisas. Sua visão vai se desanuviando à medida que as questões vão sendo reduzidas nos níveis compatíveis com o tamanho dos "probleminhas". O melhor meio que conheço de ajustar minhas expectativas é o de compará-las com o quadro maior que a vida nos oferece.

A visão do mundo assemelha-se à de uma máquina fotográfica. A profundidade do campo pode ser aumentada recorrendo-se ao zoom, de modo a tirar uma foto em close ou usar uma lente grande angular e fazer um enquadramento maior. Quando você enfoca um problema específico, a vida parece muito frágil e difícil. Todavia, à medida que compara seus probleminhas aos problemões que existem no mundo, você amplia seu campo, passa a ganhar em perspectiva e começa a notar como seus problemas são pequenos comparados aos do planeta.

É fácil nos habituarmos a concentrar a atenção em nós mesmas, esquecendo-nos daqueles que são menos favorecidos pela sorte. Por exemplo, as mulheres que se tornaram obsessivas, no que diz respeito a seu peso, podem direcionar toda sua energia para o emagrecimento. Seu aspecto físico passa a ser tudo para elas, fazendo com que percam de vista o quadro maior. Estas mulheres, tanto as jovens como as velhas, consentem que suas vidas se transformem em um pequeno ponto preto numa enorme folha de papel branco. Elas julgam que sua vida é o universo contido no pontinho preto, que representa sua intenção de emagrecer, mas a verdade é oposta: a vida é o espaço maior representado pela página em branco. O mesmo princípio é aplicável quando você exagera na concentração do que não tem ou na única peça de mobiliário que lhe falta ou naquela blusa pela qual anseia. Vai faltar a gratidão por tudo que já tem. Se você está pondo em foco as pequenas coisas que não tem, é sinal de que, talvez temporariamente, sua visão esteja nublada e falte-lhe a perspectiva necessária. Dê um pulo até o abrigo dos sem-teto mais próximo, ou dê uma chegadinha à fila do sopão, para que isso a ajude a recuperar sua percepção.

Assistir ao noticiário é um bom auxílio para que as pessoas possam reduzir o tamanho de seus problemas e, com isso, ganhar alguma perspectiva. Algumas das queixas e reclamações feitas nos EUA são coisas realmente pequenas, se comparadas com o que as outras nações têm de lidar. Durante a guerra do Kosovo, por exemplo, cheguei a me sentir grata por pagar impostos. Eles são um preço muito pequeno a pagar pelo incrível luxo de viver numa nação livre de opressão política e de toda aquela tragédia que a guerra traz consigo.

Quando estiver se sentindo na fossa devido à sua situação

financeira, é bom lembrar-se de que existem muitas pessoas que não têm o que comer, muito menos um teto sobre suas cabeças. O simples fato de que é capaz de ler este livro – ou no caso, qualquer livro – é um indício de que você goza de certo grau de prosperidade.

Você sabia que existem mais estrelas no universo do que a soma de todos os grãos de areia que se encontram nas praias? Da próxima vez em que você se pegar preocupada com um amassado no carro, um telefonema não respondido, a interminável pilha de roupas para lavar, se a cozinha vai ou não ser reformada ou com qualquer outra coisa que possa ser classificada como minúcias, pense em como estes problemas são pequenos ao ser comparados ao quadro maior composto pelas estrelas do universo. Amplie seu campo para poder ver o quadro maior e pare de espiar a vida pela ótica do interior dos túneis. Com a visão ampliada, ela vai ficar mais desanuviada e sua passagem por esta vida será mais tranqüila e gratificante.

85
ESTABELEÇA NOVOS LIMITES

🌹🌹🌹

Assim como zangar-se com alguém porque mudou ou cresceu de alguma forma seria mostrar uma pontinha de egoísmo, ao não se permitir o mesmo privilégio de modificação ou crescimento, você estaria se prestando um desserviço.

As mulheres passam por mudanças constantes, tanto interna como externamente. Não somos as mesmas pessoas que éramos vinte, dez, cinco ou até um ano atrás. As circunstâncias em que nos encontramos se apresentam tão diferentes como nossos corpos. Isso também acontece com nossas preferências. Nossas necessidades serão igualmente diferentes, assim como nossos interesses. Crescemos, mudamos e, esperamos, também evoluímos.

Dada a natureza da mudança, seria loucura conservar os mesmos limites que foram às vezes balizadores numa outra fase de sua vida. Mas o problema é que muitas pessoas não querem que mudemos. Elas querem que continuemos sendo exatamente iguais ao que sempre fomos, uma vontade subscrita especialmente por aqueles que se encontram mais próximos de nós – marido, pais, namorado, filhos, amigos. Eles não querem saber de novos limites e certamente não vão criá-los para nós. Na verdade, o que eles podem criar é um pouco de "caso". Afinal, há um certo grau de conforto na previsibilidade. E quando as pessoas se sentem confortáveis, a última coisa que iriam querer seria, tipicamente, uma mudança.

Mas a despeito de quaisquer dificuldades com as quais possa se defrontar ao estabelecer novos limites, os resultados valem o esforço. O estabelecimento de novos limites significa que você está sendo sincera na exposição de suas necessidades e compartilhando com os demais o que precisa para que se sinta satisfeita. No fim, você vai estar mais completa e feliz e assim também estarão aqueles que ama. Uma lei da natureza pontifica: quando sou feliz, sou uma companhia mais divertida. Também sou mais completa, amorosa e prestativa. Ao estabelecer o contorno dos novos limites que abrangem minhas necessidades eu me torno mais bondosa, gentil, generosa e até mais sexy. Eu me transformo, muito simplesmente, numa pessoa melhor, em todos os sentidos.

É importante saber que as limitações não são, forçosamente, negativas. Todas somos contidas por limites; a questão que se põe é, simplesmente, onde fixar esses limites e qual seria seu traçado. Por exemplo, todo mundo precisa de um tempo só seu – a questão é uma só: quanto? Algumas pessoas necessitam de pouco tempo, outras precisam de muito. Traçar uma limitação é como fixar um limite do quanto é permitido ou autorizado. É como se fosse um risco traçado na areia que estabelecesse: "Você pode ir até ali, mas não além."

Um dia fiquei conhecendo uma avó de 10 netos. Ela disse que os seis primeiros tiveram sua inteira e indivisível atenção. Ela havia estabelecido um modo de estar com seus filhos e filhas aos quais dizia: "Tragam as crianças sempre que quiserem. Estou sempre à disposição." Mas, disse ela, com a chegada do sétimo neto, estava disposta a fazer algumas modificações. "Não me entenda mal", ela me disse, "eu amo todos os meus netos igualmente. Só que, pela primeira vez em minha vida, compreendi que queria viajar um pouco, não o tempo todo, entenda, mas um pouquinho. Eu precisava de um tempo para mim."

As perguntas são: seria ela obrigada a continuar sendo sempre igual? Ao querer estabelecer um jogo diferente de limitações estaria ela sendo egoísta? Não, na minha opinião. Longe de ser egoísta, ainda estava dedicando uma enormidade de seu tempo aos netos. Ela deixou bem claro, sem sombra de dúvida, que amava cada um de seus netos. Continuava a fazer programas com eles, ir a eventos especiais, considerava-os muito bem-vindos à sua casa e se orgulhava de cada um deles. No entanto, a verdade era que ela havia mudado. Queria substituir algumas das antigas limitações por outras mais novas e mais distantes. Ela queria mudar as regras para atender a um novo jogo, em que o risco na areia se situava um pouco mais longe.

Não foi fácil. Foi preciso um tanto de esforço e muita coragem. No começo seus filhos criaram-lhe dificuldade. Tentaram fazer com que ela se sentisse culpada, como se ela não estivesse "batendo bem". Tal como muitos fazem quando forçados a aceitar novos limites, os filhos se colocaram como vítimas e se arrogaram o direito da mágoa e da rejeição. Em virtude do padrão anterior de comportamento, os filhos achavam que tinham direito sobre o tempo dela. Em vez de serem gratos por tudo o que ela já havia feito e continuava fazendo, eles se sentiram excluídos. Na verdade, eram eles – não ela – que estavam sendo egoístas. Ela continuou insistindo e, finalmente, as coisas se arrumaram. Ela descobriu que tudo era possível – tempo para si mesma e tempo para seus netos. E porque ela tratou o assunto com sinceridade, bondade e amor, seus filhos acabaram aceitando os novos limites e passaram até a honrá-los.

Casais também têm necessidade de fixar, de tempos em tempos, novos limites. Richard sempre quis um tempo só para ele. Quando nossas filhas eram muito pequenas isso era uma dificuldade, senão uma impossibilidade. Conforme as crianças foram crescendo, ele propôs e conseguiu reajustar os espaços de modo a que sobrasse um pouco mais de tempo só para ele. Ele fez um acordo comigo e as crianças e tudo ficou bem. Ele passa muito tempo conosco – e ainda tem um tempinho sobrando para ele mesmo. Se lhe perguntasse sobre esse assunto, ele lhe diria que combinar seus próprios limites desempenhou um papel preponderante na sua felicidade pessoal. Eu sou um pouco assim também. Gosto de ir sozinha ou com amigas a alguns lugares. Estabeleci um limite dizendo: "Eu preciso disso para mim." Richard respeita essa necessidade e as crianças também estão aprendendo isso.

Conheci certa mulher que contou que seu marido se apavorou quando ela lhe comunicou não ter mais vontade de fazer a totalidade das tarefas do lar. A resposta dele foi: "Você não costumava se importar com isso." Pelo amor de Deus, essa não! Dá para notar qual é a importância de ela combinar novos limites?

O problema é que, se não tiver coragem de dizer "estou precisando disso", você jamais vai conseguir seu objetivo! É fantasioso esperar que o marido, filhos ou namorado vão ser capazes de ler sua mente e, mesmo que pudessem fazê-lo, é pouco provável que estejam morrendo de vontade de fazer, por você, o trabalho de estabelecer seus novos limites. Mas de jeito nenhum! Se você mudou em algum sentido e necessita fixar novos limites, quaisquer que sejam, isso vai depender exclusivamente de você.

Esse é um tópico importante, que merece reflexão mais profunda. Talvez isso possa ser uma estratégia difícil de ser implantada, mas no fim vai valer a pena. Boa sorte.

86

NÃO COMBATA FOGO COM FOGO – A NÃO SER EM QUEIMADAS CONTROLADAS

❦❦❦

Quando os outros expressam sua raiva nos dispensando um tratamento agressivo, somos tentados a dar o troco – atacando. Assim, discutimos, gritamos, berramos ou, de alguma forma defensiva, reagimos. De certa maneira, estamos combatendo fogo com fogo. Contudo, geralmente acabamos por ficar até mais frustradas do que estávamos inicialmente. Quanto a resultados, contabilizam-se mais negativos do que positivos. Às vezes, tudo que conseguimos é alimentar o fogo e agravar o problema.

Todas convivemos com conflitos e somos agredidas de tempos em tempos. Todavia, o que parece produzir bons resultados é o recurso de combater seus incêndios, quando pegam "fogo" com o que costumo apelidar de "queimada controlada". O que quero dizer com isso é que, embora haja, com certeza, hora e lugar para manifestar seu desagrado, é, em última instância, a maneira como transmitimos essa raiva – de modo controlado ou descontrolado – que vai determinar como nossa reação é recebida. Se pudermos nos manter relativamente calmas e controladas, o impacto será maior e mais significativo.

Tive a oportunidade de ver essa estratégia posta em prática

quando fazia compras num shopping. A mãe acompanhava o filho adolescente e este manifestava, em voz alta, sua raiva por ela não querer lhe comprar alguma coisa. Seu comportamento era agressivo e mimado. Também sendo mãe, posso imaginar os pensamentos que deveriam estar passando pela cabeça dela. Porém, a maneira exemplar como manteve a compostura seria um exemplo a ser seguido por todas nós. De maneira firme, tipo não-me-venha-com-bobagens, mas de certa forma compadecida, a mãe disse para o filho: "Sei, do fundo do coração, que não era sua intenção falar comigo naquele tom de voz e sei também que em algum momento, ainda hoje, você vai pedir que eu aceite suas mais sinceras desculpas." Eu daria qualquer coisa para ter esse lance gravado em vídeo. Eu poderia vendê-lo, em todo o mundo, às mães que assistem aos cursos para pais!

É pura especulação, claro, mas posso bem imaginar o que teria acontecido se essa mãe tivesse revidado, em voz alta, a agressão do filho com insultos raivosos e humilhantes. Se, em vez de se manter calma, ela tivesse pontificado num tom que denotasse frustração, é quase certo que a tensão daquele momento tivesse aumentado ao invés de diminuir. Da maneira como o assunto foi conduzido, a resposta tipo "queimada controlada" dada pela mãe transformou uma situação difícil em algo um pouco mais fácil. O momento foi superado e as mágoas pareceram ter sido minimizadas.

Essa estratégia produz milagres em quase qualquer situação. Da próxima vez em que alguém quiser travar um tiroteio com você, experimente essa estratégia. Mesmo que estiver sendo provocada, essa estratégia deve resolver o problema. Sua confiança interior vai se apresentar inquebrantável e isso se traduz de maneira tal que você passa a ver a maioria das discussões e "incêndios" como probleminhas destituídos de importância. Lembre-se de que, ao combater o fogo com a técnica da queimada controlada, você tem mais chances de ser muito mais bem-sucedida na comunicação do que ao tentar fazê-lo quando se encontra descontrolada. Você vai perceber que quaisquer problemas que venha a ter serão muito menos estressantes e se apresentam mais tranqüilos, porque você terá lidado com eles a partir de uma posição real de força.

87
AO SIMPLIFICAR, PENSE EM TERMOS DE PREVENÇÃO

🍂 🍂 🍂

Muito já foi escrito sobre a relação que existe entre a simplificação e a redução do estresse. Todavia, existe um aspecto do processo de simplificação que é freqüentemente desprezado mas que, no meu modo de ver, pode vir a ser a parte mais importante da relação. Falo da prevenção.

Então, vejamos. Uma vez colocada num lugar – uma fonte de estresse, por exemplo –, torna-se freqüentemente difícil, algumas vezes até impossível, modificá-la. Exagerar na programação das atividades de nossos filhos é um bom exemplo do que estou falando. As crianças se manifestam e nos dizem que querem ter aulas de balé, futebol, ginástica, cerâmica e tudo o mais e daí as matriculamos num curso atrás do outro. Mas depois de levá-las para todas essas atividades e de lá trazê-las, elas vão ficar exaustas e mal humoradas, e nós também. (E, por alguma razão misteriosa, na maioria das vezes são as mamães e não os papais que fazem a maior parte dos trajetos.) Se, no entanto, as aulas extracurriculares de nossos filhos fossem reduzidas ou as atividades esportivas limitadas apenas a uma atividade por estação, simplificaríamos nossas vidas de modo significativo e estaríamos, ao mesmo tempo, reduzindo nosso estresse. É bem fácil, se você refletir um pouco sobre o assunto antes de concordar com todos os cursos ou aulas que eles solicitarem.

A mesma lógica se aplica a muitos outros aspectos da vida. Richard e eu conhecemos pessoas que fazem parte, entre várias companhias e organizações, de até quatro diretorias. Além do trabalho normal e da responsabilidade familiar, você os vê sempre a correr de uma reunião para outra. O que causa estranheza é que essas pessoas sempre se mostram surpresas por se sentirem estressadas e pressionadas! A questão é que elas não souberam evitar estresses futuros, dizendo "não" aos convites adicionais que fossem somar mais responsabilidade às suas já sobrecarregadas agendas.

Mesmo amando profundamente seus bichinhos de estimação, você pode querer dizer "não" a ter mais outros até que um dos atuais vá desta para melhor. Acompanham cada novo bicho de estimação as idas adicionais até o veterinário, mais bagunça para arrumar, mais comida para comprar e mais uma criatura carente de amor, exercício e atenção. Ao dizer "não" ao aumento do número de bichos de estimação você evita uma enormidade de estresses futuros. Volto a dizer que isso não tem nada a ver com sua estima pelos amiguinhos de quatro patas. Muito ao contrário, é a conscientização do poder que a prevenção tem.

Se você tem uma carreira, existem apenas umas tantas reuniões das quais pode fazer parte e um número limitado de projetos de que pode participar com disponibilidade para trabalhar imediatamente. Se tem filhos em idade escolar, existe apenas um número x de dias em que você pode colaborar com seu trabalho nas salas de aula ou um número restrito de campanhas de arrecadação de fundos. Ao dizer "não" a um aumento de responsabilidade, você estará dizendo um "sim" a seu favor. Richard sempre quis ter um barco e a certa altura resolveu que iria adquirir um. À última hora, no entanto, ele adiou a compra. Começou a achar que a fantasia talvez fosse melhor do que a realidade e refletiu sobre as necessidades de conservação do barco: limpeza, manutenção, abrigo e todo o resto. Eu não tenho certeza de qual será sua opção final mas, sendo ele uma pessoa que realmente dá valor à simplicidade, parece estar bem satisfeito com o presente adiamento!

Essa filosofia também se aplica às coisas mais simples como as assinaturas de revistas e outras coisas semelhantes. Antes de fazer mais uma assinatura, cancele pelo menos uma das atuais. Antes de planejar tantos outros jantares sociais, certifique-se de que você tem pelo menos um fim de semana, livre de compromissos, só para você, uma hora para a qual nada foi planejado. Antes de acrescentar à sua vida qualquer coisa de que absolutamente não precisa, experimente imaginar o estresse adicional que vai acompanhar o compromisso. Se for absolutamente sincera com você mesma, o estresse é capaz de ser grande.

88
DIGA: "QUE GRANDE IDÉIA!"
(E A PONHA EM PRÁTICA)

❦❦❦

Se, de algum modo, for parecida comigo, você provavelmente tem algumas amigas de verdade. E, com a possível exceção do marido, namorado ou pais, suas amigas são as que melhor a conhecem. Elas conhecem suas forças e fraquezas. Elas sabem o que a faz funcionar e o que a faz desmanchar-se em pedaços. Elas podem prever o que vai fazê-la feliz e o que vai levá-la à loucura!

Então por que, quando nossas amigas – até as nossas melhores amigas – nos oferecem uma sugestão ou solução para um problema, raramente, se é que alguma vez o fazemos, aceitamos seus conselhos? Se você olhar a coisa de um ponto de vista imparcial, chega a ser engraçado. Na maioria da vezes, quando conselhos são dados, respondemos numa dessas três maneiras. Ou 1) falamos para nossa amiga "eu já experimentei isso", o que provavelmente não chega a ser de todo verdade, ou 2) imediatamente esclarecemos à nossa amiga a razão por que "eu não posso fazer isso", o que, geralmente, não é nada mais do que uma resposta de praxe, ou 3) prestamos atenção ao conselho, mas nunca o colocamos em prática. O que fazemos é o seguinte: continuamos fazendo as coisas exatamente como sempre as fizemos, o que resulta exatamente nas mesmas frustrações.

Uma conhecida de muitos anos tem quatro filhos adoráveis, todos meninos. O marido viaja com freqüência a negócios; logo, a responsabilidade diária de criar os meninos é quase inteiramente dela. Um dos problemas é de *logística*: as crianças, em se considerando as atividades, se espalham pelo mapa. Já, em função da idade, os meninos fazem uma escadinha. O menor está na creche, o próximo tem nove anos, o seguinte tem doze e o outro tem catorze. A meninada está metida em todo o tipo de atividades em diferentes partes da cidade. A diferenciá-la de muitas outras mulheres, Geena tem a sorte de ter bastante dinheiro para contratar empregados para ajudá-la. Mas, por algum motivo, ela não o faz.

Tempos atrás pensei que Geena ia sofrer um colapso nervoso. Eu a conheço o bastante para saber que para ela é extremamente importante estar enfronhada na vida dos filhos. Mas a verdade é que, salvo as obrigações como motorista deles, ela realmente não estava tão enfronhada assim. Ao largar um filho em algum lugar, ela já estava atrasada para a atividade do próximo filho, contribuindo para aumentar seu estresse e arrependimento. Raramente tinha a oportunidade de apreciar, por um minuto sequer, qualquer um dos esportes ou cursos freqüentados pelos filhos, visto que estava sempre correndo para atender ao próximo compromisso.

Ela era também a dona de casa "perfeita", se é que existe tal coisa. Sem nenhuma ajuda, mantinha uma casa linda, fazia o almoço, ajudava à noite com os deveres da escola, apartava brigas e tudo mais. Incrivelmente, ela até cuidava da maior parte do jardim! Verdade seja dita, ela era uma espécie de mártir.

Não sei lhes dizer quantas vezes sugeri que ela pelo menos experimentasse a vida com a ajuda de empregados. Havia muitas coisas que ela poderia delegar, inclusive um pouco dos trajetos de carro, faxina e jardinagem. Existiam também em sua comunidade professores particulares disponíveis a preço razoável que gostariam de ajudar com pelo menos parte dos deveres de casa e que, muito provavelmente, o fariam melhor do que ela. Sei de fonte segura que ela poderia se dar a esses luxos e também sei que se sentia bastante tranqüila ao deixar que outras mamães e papais conduzissem seus filhos para outros lugares, por isso o caso não era medo de outra pessoa estar ao volante do carro. Pensei muito sobre isso e, absurdo que possa parecer, estou convencida de que a razão principal de ela não aceitar meus conselhos (o mesmo conselho, diga-se de passagem, que outros também já haviam dado) era, muito simplesmente, porque vinha das amigas! Suas respostas automáticas pareciam ter por fonte de resistência a seguinte reflexão que dirigia a mim (e às outras): "Elas não poderiam sequer adivinhar como é difícil criar quatro filhos." E embora nesse aspecto ela tivesse razão, isso não significava que o conselho fosse algo sem fundamento e que, portanto, não valeria a pena ser levado em consideração.

Ouvi dizer que o derradeiro sinal de maturidade é quando você pode fazer algo, mesmo com a aprovação de seus pais! Talvez um corolário mais preciso seria: "Uma pessoa sábia é aquela que sabe aceitar bons conselhos – mesmo que partam de uma amiga ou parente."

No começo, achei que Geena era realmente original, mas desde então compreendi que sua resistência aos conselhos das amigas era, na verdade, uma reação típica. Para ser sincera, me ocorreu que eu também tenho um pouco dessa resistência. Por exemplo, uma amiga poderia dizer: "Você alguma vez pensou em experimentar isso ou aquilo com suas filhas – isto realmente ajuda a resolver conflitos." E, sem nem sequer pensar nisso, eu me pego dando como resposta a velha desculpa: "É uma boa idéia mas, infelizmente, não funciona com minhas filhas." Aí, mais tarde, quando sou bem franca comigo, constato que nunca sequer experimentei a sugestão com elas.

Finalmente compreendi isso – minhas amigas têm bons conselhos a dar. Aprendi que aceitá-los é um atalho para eliminar algumas fontes irritantes de estresse. Meu conselho é o seguinte: da próxima vez em que uma amiga ou membro da família der uma sugestão – especialmente se você partilhou com ela uma preocupação –, acolha-a no coração e analise-a com seriedade. Quem sabe, pode até ser a resposta para o que está procurando.

# 89
NÃO LEVE TUDO
TÃO A SÉRIO

🌹 🌹 🌹

Esta é uma estratégia interessante que pede alguma reflexão, pois, sob certo aspecto, nossa vida é uma preciosa dádiva, importante e mágica. Nossas preocupações são legítimas. Todas temos objetivos, planos, receios e alegrias. De certa forma, queremos levar tudo muito a sério e, acredite-me, eu faço isso eventualmente. Por outro lado, temos a tendência de exagerar tudo um pouquinho e levar as coisas a sério demais e, com isso, perdemos a serenidade pelo caminho. Não acha?

Meu pai certa vez me passou a idéia de que nossa vida nada mais é do que um traço que liga a nossa data de nascimento à de nossa morte. No esquema das coisas, estamos aqui por um milésimo de segundo, um breve pontinho na tela. No entanto, nos comportamos como se cada coisinha fosse uma gigantesca emergência. A simples recordação desses fatos, que são óbvios, tem sido de grande valia para enquadrar as coisas dentro de uma perspectiva mais favorável e não levar tudo tão incrivelmente a sério.

Perdemos a perspectiva das coisas. Alguém comete um erro na escola de nossos filhos ou no nosso trabalho e de alguma forma isso se transforma num verdadeiro arranca-rabo. "Fechamos a cara" (ou pelo menos exageramos na reação) quando alguém diz a coisa errada, avalia mal a situação ou nos olha de maneira estranha. Perdemos uma hora marcada e nos punimos de forma emocional. Esquecido fica o fato de que não deixamos de comparecer a nenhuma das últimas trezentas consultas. O telefone dá estalinhos devido à estática, e batemos com o aparelho no gancho. Esquecemos de que funcionou perfeitamente todos os dias, nos últimos dois anos. Nossa casa está um pouco desarrumada e agimos como se estivéssemos na iminência de recepcionar o presidente. Perdemos o senso de humor porque transformamos tantos casos em coisas muito sérias.

De certa maneira, essa estratégia fala da essência da filosofia contida em *Não faça tempestade em copo d'água*. É a idéia que na correria da vida diária, com sua dose de responsabilidade e cota de aborrecimentos, é fácil exagerar na distorção das coisas, levando-as para além de sua devida proporção. As boas novas são que, ao levar as coisas um pouquinho menos a sério, seremos capazes de trazer de volta a alegria, a mágica e o mistério para o cotidiano de nossas vidas.

Parte da solução requer que sejamos capazes de rir, só um pouquinho, de nós mesmas. Tente ver-se (e também a todos os outros) como uma personagem. Exceto em raras ocasiões, todas nos empenhamos em fazer o melhor possível. Do modo como vejo a coisa, devemos aprender a nos dar folgas – e aos outros também. Isso não quer dizer que devemos baixar nossos padrões ou aceitar comportamentos destituídos de ética ou educação, mas significa que aumentamos nossa perspectiva em relação às coisas, especialmente "os probleminhas". Da próxima vez em que estiver "enrolada" no tráfego, experimente isto: em vez de sentir-se estressada e em pânico, veja se você enxerga o humor contido em tantas pessoas tentando ir para algum lugar, todas ao mesmo tempo. Imagine criaturas do espaço sideral olhando para baixo, cheias de curiosidade querendo saber para onde todos estão querendo ir! Ou, quando você está na fila do correio ou da mercearia, e o caixa fica papeando com uma colega em vez de fazer a fila andar mais depressa, experimente transformar isso num jogo. Só por uma vez, tente ver as coisas do ponto de vista dos caixas. Veja se é capaz de se lembrar de um tempo quando sentiu vontade de fazer o mesmo, falar (mesmo que não o tenha feito) num momento em que se esperava que você fosse uma pessoa mais responsável. Então, em vez de passar uma descompostura no caixa, ou transmitir maus pensamentos, sorria quando finalmente chegar sua vez de ser atendida. Exercite-se em transformar esses casos em coisas de menor importância. Surpreendentemente, com um pouco de prática, essas coisas não vão parecer mais tão fundamentais. Na verdade, você começará a notar que na maior parte do tempo um número predominante de pessoas dá conta de seu trabalho. E mesmo quando não o fazem tão bem, paciência, logo você vai estar em casa saboreando seu jantar.

Nós estávamos num aeroporto à espera do embarque quando o pessoal da companhia aérea anunciou um atraso de meia hora no vôo sem escalas para o Havaí. Metade das pessoas começou a agir como se isso fosse o fim do mundo! A realidade, claro, é que tudo isso significava apenas que essas pessoas teriam de esperar mais 30 minutos antes de saborear seu primeiro Mai Tai no paraíso! Ninguém gosta de atrasos, mas, convenhamos, isso não é um caso tão grave assim.

Excetuando as partes verdadeiramente dolorosas da vida, essa, quando observada com boa dose de humor, é, realmente, bem engraçada. E quanto mais você tenta enxergá-la dessa maneira, tanto menos frustrantes os aborrecimentos lhe parecerão. Se aprender a aplicar essa estratégia, você estará sorrindo das coisas que costumavam levá-la à loucura!

90
IDEALIZE SUA FEMINILIDADE

❦❦❦

Ser mulher tem seus altos e baixos, mas nossa feminilidade é sempre um motivo para comemoração. Somos abençoadas com uma variedade de formas que nos expressam pela aparência – desde a grande diversidade de roupas e sapatos entre os quais escolher, até o penteado, a maquiagem e a roupa íntima.

Por muitas razões, adoro a condição de ser a fêmea da espécie e a maquiagem e a lingerie estão na minha lista das 10 mais! Embora eu ache as cuecas tipo samba-canção de meu marido bem sexy (nele), também acho que tenho sorte de ter nascido mulher com direito a um infindável número de escolhas. Usufruímos do melhor que os dois mundos têm a oferecer; podemos usar prazerosamente uma lingerie sexy como, igualmente, vestir as cuecas samba-canção dos homens.

A lingerie nos permite comemorar nossa condição de mulher toda vez em que nos vestimos. Adoro presentear minhas amigas mais chegadas com esse tipo de roupa. Quando você sentir que está precisando de uma injeção de ânimo, invista um pouco na aquisição de sutiãs e outras peças íntimas, e dê adeus às peças velhas.

Nos dias em que olho para o espelho e penso "nossa! Quem é

essa que está olhando para mim?", sinto-me grata por ter a opção de poder adicionar um pouco de cor aos meus olhos e às bochechas. Não é de admirar que alguns homens também gostem de usar esse recurso! Toda vez em que aplico maquiagem no rosto sinto-me uma atriz. Posso acordar de aspecto meio arriado e em minutos, depois de maquiada, passo a me sentir uma pessoa completamente diferente. Não estou sugerindo que você se emplastre com produtos de maquiagem. Na verdade, a maioria das mulheres fica com aparência melhor quando usa maquiagem aplicada discretamente, para realçar apenas sua beleza natural.

O fato de sentir-se grata pela feminilidade que lhe faculta a expressão, entre as muitas opções à sua disposição, deve contribuir muito para restabelecer o equilíbrio de suas perspectivas nos dias em que acha que ser mulher é uma praga.

91
SAIBA ONDE *SEUS* CALOS DOEM

❦❦❦

Uma das razões por que andamos por aí frustradas e agitadas com as pessoas à nossa volta é que não identificamos nossos "calos" – aqueles nossos padrões e reflexos pavlovianos que se revelam quando as pessoas insistem em pisar neles. Quero dizer, se pudéssemos dar um jeito nas pessoas, então não teríamos problemas e seríamos felizes. Certo? Não, errado!

Uma das chaves para ser feliz e administrar a vida com mais comodidade é conhecer, de antemão, quais são seus calos; estou falando daqueles gatilhos emocionais que fazem com que você se sinta vulnerável, frustrada, estressada ou agitada – aqueles mesmos que sempre a fazem reagir de forma negativa.

Quando sabe quais são seus calos, a coisa funciona um pouco como um sinal de alerta que a avisa para deixar de andar sobre os trilhos a fim de não ser atropelada por um trem de carga. Saber o que a leva a ter seus calos pisados lhe dá a condição de saltar fora a tempo, como se, por assim dizer, "visse a coisa chegando", e tomar as providências necessárias para não se aborrecer tanto. Em outras palavras, em vez de reagir como de costume, você será capaz de dizer: "Ah, aquilo de novo" ou "Aí vem a coisa." É uma forma de se preparar para não se levar – ou ao que a chateia – tão a sério.

Um calo que me dói é ver uma de minhas filhas reagir negativamente a alguma coisa que, na minha opinião, lhe devia estar dando prazer. Por algum motivo, fico frustrada com isso, mas alegra-me poder dizê-lo, já não me incomoda tanto. Por ironia, justamente enquanto eu estava escrevendo esta estratégia, uma das meninas me comunicou que "não queria ir ao treino de futebol", que ela considerava uma imbecilidade. Embora eu costumasse atribuir a esse tipo de comentário a intenção de me atingir pessoalmente, hoje vejo que essa observação não tem nada de pessoal, é, simplesmente, um de meus calos. E saber disso tem sido de imensa valia.

Aprendi o seguinte: quando a conversa começa a tomar um rumo em que parece que uma pontinha de frustração está querendo me dominar – aquela "sensação familiar" – eu salto fora e digo para mim mesma: "Sei que estou propensa a me aborrecer com isso. Não vale a pena. Não vou permitir que isto aconteça", ou qualquer coisa parecida. Surpreendentemente, ao lançar mão dessa estratégia, a situação é desarmada todas as vezes. O emprego dessa estratégia me fornece a perspectiva necessária para não considerar o que quer que seja de forma muito pessoal.

No exemplo do futebol citado linhas atrás, conhecer minha própria tendência nessa área permitiu-me ter a calma e a compaixão necessárias para compreender que, com a mesma idade, eu tampouco gostaria de ser forçada a treinar sob uma temperatura, aproximada, de 38 graus. No que me diz respeito, na minha idade atual, eu não ia querer treinar coisa alguma nessas condições. Acrescente-se que minha filha talvez estivesse cansada, na "fossa", tentando dar conta de um dia nada bom para ela. Por que razão, portanto, deveria eu tomar o comentário dela como algo dirigido a mim pessoalmente? Com isso não estou sugerindo, nem sequer por um instante, que sempre sou capaz de me conservar calma e controlada, mas o que estou dizendo é que, por usar essa estratégia, as coisas ficaram mais fáceis se comparadas ao que eram anteriormente.

Todos têm seus calos. Richard tem, entre os seus, um bem aparente: ele reage mal quando alguém (um marceneiro, por exemplo) começa a executar um serviço pelo qual está sendo pago, mas não o termina. Isso costumava deixá-lo maluco. Observei, no entanto, que ele está lidando bem melhor com esse tipo de problema desde que identificou ser esse um de seus "calos". Ele tem sido muito mais paciente ao lidar com os outros profissionais. A situação se tornou, sem sombra de dúvida, bem mais amena e suportável em termos de carga nervosa! É provável que o assunto continue sempre a aborrecê-lo, mas a questão passa a ser medida em graus menores de intensidade. Aparentemente, quando você identifica seus "calos", fica menos propensa a fazer tempestade em copo d'água.

Quaisquer que possam vir a ser seus calos, esforce-se para que os identifique como tal. Você vai ficar agradavelmente surpresa com o declínio de agressividade, ao ser confrontada com aquelas coisas que a costumavam levar à loucura.

92

PASSE PELAS PORTAS
QUE JÁ ESTÃO ABERTAS

🍂🍂🍂

Se você for como a maioria das pessoas, já passou por uma fase em que se sentiu muito confusa com respeito à direção que sua vida estava tomando; de que maneira deveria remar seu barco, por assim dizer. Eu certamente passei por fases assim. Descobri, no entanto, que uma vez escolhida a direção, não importa qual, as oportunidades se apresentam à medida que transponho as portas que já se encontram abertas.

Sua atitude tem tudo a ver com sua capacidade de reconhecer quando está diante de uma porta aberta. Se estiver atenta para as possibilidades da vida e adotar uma atitude positiva (tendo fé que, no fim, tudo vai se resolver da melhor maneira possível), a pergunta não vai ser "o que vou fazer de minha vida?", e sim: "Por qual porta vou passar?"

Passar pelas portas abertas, e associar isso a certa dose de fé, resulta numa forma realmente zen de viver. Com esse salto de fé, você evita o desgaste da luta e passa a acreditar que a tranqüilidade que sente é indicativa de que está no caminho certo. A recíproca também é verdadeira. Se a luta é o que sobressai, isso talvez signifique que você descarrilou, perdeu o rumo. Nessas circunstâncias, siga o que lhe dita o coração; a cabeça só vai servir para aumentar sua confusão.

É de nossa natureza a preocupação de "fazer a escolha certa". Quando nosso objetivo é fazer a escolha certa, enchemos a cabeça com todos os tipos de possibilidades e opções, tanto assim que não chegamos a lugar nenhum. Na verdade, acabamos plantadas no mesmo lugar. Geralmente, o destino pode ser alcançado por vários caminhos. Embora seja possível bater em umas poucas portas que se encontrem fechadas, procure evitar pôr abaixo as portas que parecem estar totalmente trancadas. Você pode gastar sua preciosa energia esmurrando essas portas ou optar por aquelas que se abrem quando nelas bate levemente.

Ao prosseguir em sua jornada, você ainda vai confrontar-se com novas escolhas e desafios. Mas enquanto continuar a enveredar pelo caminho que aparentemente requer apenas a medida certa de esforço, você vai saber que está transpondo portas abertas. Todavia, quando está fazendo grandes esforços e nada parece acontecer ou não está conseguindo os resultados esperados, isso é um indício de que a direção deve ser alterada. Ao ter uma intuição forte ou sentir um interesse apaixonado, as probabilidades sugerem que você vai achar algumas portas abertas ao longo do caminho que escolheu. Se sua opção foi a do caminho que ofereceu a menor resistência, é provável que o resultado final seja aquele que você objetivou. A diferença se encontra no número de batalhas que vai ter de enfrentar pelo caminho.

Pense em termos de atravessar as portas abertas e você vai se surpreender com a facilidade que isso traz para as opções que tem de fazer diariamente.

93

RECONHEÇA SUAS EMOÇÕES

Não há dúvida de que uma das coisas que conduzem a uma vida satisfatória, realizada e feliz é tomar a decisão, de uma vez por todas, de que vai deixar de culpar as circunstâncias externas e os outros por suas emoções. Isso não quer dizer que suas emoções sejam tolas, erradas, inadequadas ou más – significa apenas que elas são suas.

É bem mais fácil falar do que fazer, concordo, mas é, sem dúvida, igualmente importante. Afinal, somos uma maioria que necessita, nem que seja por uma parcela de tempo, refletir, discordar, reclamar e condoer-se de nossos problemas conforme os percebemos: o lugar onde moramos, a carreira, o marido ou namorado, uma pessoa que nos irrita, o clima, a escola que nossos filhos freqüentam, nossos vizinhos, dificuldades financeiras, azares ou o que quer que seja.

Todavia, há uma tremenda diferença entre queixar-se de qualquer aspecto de nossas vidas e achar que é a "vida" que, na verdade, nos está deprimindo. Ou fazer as mesmas queixas, mas sabendo bem lá no fundo que somos nós, com nossa maneira de pensar, que estamos criando essas sensações de constrangimento. Exemplificando: no inverno passado, eu e minha família estávamos passando as férias numa estância quando ouvi alguém comentar: "Essa neve está me levando à loucura." É claro que a neve não podia ser culpada de nada! Na estância, se encontravam milhares de pessoas e quase todo mundo, à exceção de uma criança de dois anos que dormia morta de cansaço, parecia estar usufruindo de cada momento! Fosse a neve responsável pela loucura das pessoas, esse seria o ambiente predominante. A única explicação possível teria de estar na cabeça de quem formulara a reclamação. Algo que partia de dentro dela a convencia de que a neve não era uma coisa boa: pelo menos essa era sua percepção da coisa.

Por atribuir à neve sua infelicidade, ela estava fadada a viver uma situação negativa. O controle fugia-lhe das mãos; sua felicidade dependia de uma mudança do tempo onde a meteorologia funcionaria como fonte desse privilégio. Tivesse ela sido capaz de dizer "epa! Estou deixando meus pensamentos me dominarem; acho que obteria melhores resultados se mudasse o modo de encarar o problema. Ou então procurasse abreviar minha permanência", teria se condicionado para uma atitude mais amistosa. Veja bem, não estou dizendo que ela teria de fingir gostar da neve para encontrar a paz. Tudo que ela precisava era parar de *culpar* a neve.

O mesmo princípio pode ser aplicado a outros assuntos. Você está enfurecida com sua chefe. Tudo bem. Mas ela não pode controlar seus pensamentos – nem é responsável por eles. Acontece o mesmo no que toca a marido, filhos ou vizinhos. Todos podem fazer coisas irritantes, mas há um mediador entre as "coisas", as pessoas que fazem parte da sua vida e a maneira como se sente. O mediador é seu pensamento e o reconhecimento disso é uma introspeção incrivelmente libertadora.

Eu estava assistindo a um jogo de futebol e falava com um dos pais, quando ele comentou: "O vizinho que mora a meu lado está me levando à loucura." Eram realmente perceptíveis o estresse e a pressão a que essa pessoa estava sendo submetida. Tenho certeza de que esse caso vai despertar sua empatia porque todos temos vizinhos e uns são melhores do que outros. Mas dar a seu vizinho ou a qualquer outra pessoa o poder sobre a maneira como se sente é, a meu ver, uma receita certa para a infelicidade.

Suas emoções lhe pertencem. A felicidade, a depressão, a alegria, a tristeza, a raiva e a tranqüilidade são todas suas! Goste ou não goste, queira ou não queira, você leva todas as suas emoções com você para onde quer que vá e só você tem o poder de modificá-las. Mas, para poder modificá-las ou abandoná-las, é necessário que as reconheça primeiramente como sendo suas.

Espero que reflita sobre o emprego dessa estratégia em sua vida e que a ponha em prática. A mais leve mudança de direção pode trazer para seu mundo uma sensação de poder, confiança e alegria.

94
LEMBRE-SE DO QUE SIGNIFICA SER HUMANA

Algumas vezes fico pensando o que os marcianos achariam se fossem capazes de nos observar. Aposto que ficariam confusos quanto à razão de nos chamarmos de "seres humanos", quando tudo indica, por nossas ações, que nos inclinamos mais para "afazeres humanos".

O "estar" é, afinal, um estado no qual você se acha sempre presente, não importando a atividade em que se encontra metida, vale dizer, absorta pelo que está fazendo no presente. Suponha que esse momento, não o próximo (ou o anterior), é o mais importante para sua imersão. Todavia, a maioria das mulheres se encontra tão ocupada fazendo coisas, arrependendo-se de outras tantas, tudo em meio a uma correria e planejando outros momentos com tal intensidade, que, às vezes, fica parecendo que elas perderam de vista o momento no qual realmente se encontram – o atual.

Muitas pessoas já ouviram a expressão: "A vida é o que acontece agora enquanto nos ocupamos em pôr em prática outros planos." Lamentavelmente esse é o caso na maioria das vezes. Ficamos tão preocupadas com o que está para acontecer ou com o que já aconteceu, que deixamos de enxergar o que está acontecendo agora.

Não é por pura coincidência que, no ritmo frenético em que vivemos, nossos espíritos estão sendo levados a passar fome e sede. Afinal de contas, estamos exigindo, a cada vez, mais e mais estímulos para chegar à satisfação. Longe de ficar facilmente satisfeitas, muitas mulheres vão se habituando com os estímulos e, em virtude disso, acabam se tornando as viciadas do "e o que vem agora?" Em vez de nos envolvermos com a vida, na simplicidade de sua beleza e prazeres, vamos sendo consumidas pela lista das coisas "a fazer". Estamos ocupadas demais para nos engajar, de corpo e alma, ao que estamos fazendo no momento atual porque já nos comprometemos com o planejamento da próxima atividade. Costumamos dizer que precisamos de mais tempo; no entanto, mesmo quando dispomos de alguns momentos em virtude de um cancelamento de compromissos, a primeira coisa que procuramos fazer é achar uma forma de preencher esse tempo com outra atividade. Aí voltamos a reclamar da falta de tempo. A verdade é que somos viciadas em não dispor de tempo porque não sabemos o que fazer com ele quando nos sobra algum.

Vivemos numa sociedade tecnologicamente avançada, onde até nossas experiências mais humanas são freqüentemente reduzidas a uma realidade cibernética impessoal, onde a comunicação com outra pessoa requer um modem. Embora a internet seja uma ferramenta que põe informações à sua disposição, existem outras formas de utilização, algumas de estarrecer, que os usuários escolhem como veículo para manter suas mentes ocupadas. Quando utilizada de maneira imprópria, ela apenas fornece a melhor solução para um devoto do escapismo não "estar" aqui, e agora.

Aparentemente, a melhor solução é ser apresentada novamente a seu "estar" – aquela sua porção pacata que continua existindo independentemente de responsabilidade, metas ou tarefas. Essa é aquela sua parte que se sente satisfeita simplesmente porque existe – e não porque está cumprindo mais uma tarefa.

A maneira de ser apresentada novamente a essa porção sábia e confortável de sua consciência é experimentar não fazer nada! É isso mesmo – nada. Por mais improvável que possa parecer, o método rende valiosas recompensas. Não se preocupe, não estou falando de ficar sentada horas a fio. Você pode começar com um minuto ou dois e aumentar "a cota" a partir daí. Há algo de mágico que cerca a resolução de sentar-se ou deitar-se serenamente, pois isso propicia que a mente se desanuvie e possa assentar-se. De certa maneira, nossas mentes se assemelham àquela bola de vidro que imita a neve caindo, como visto na cena inicial do filme *Cidadão Kane*, com o próprio a murmurar *Rosebud*. Em alguns escritórios ainda existem pesos de papel que criam a ilusão da neve se precipitando, um efeito adorado por crianças. Quando nos sentamos placidamente, sem fazer nada, nossas mentes têm a oportunidade de se acomodar, tranqüilizar, descansar e voltar a se inspirar. Sem o matraquear de nossas mentes atarefadas, nossa inteligência mais profunda tem oportunidade de vir à tona. Em vez de "nós" pensarmos, é quase como se, "em troca", o pensamento partisse de dentro de nós.

Com a prática, você vai se sentir muito mais confortável ao evitar o preenchimento de cada momento de folga com mais atividade. Isso, por sua vez, vai contribuir para amenizar a programação e sua própria vida.

À medida que você vai se acalmando, também vai sendo

levada a refletir sobre o milagre que é estar viva. Minhas filhas, quando tinham mais ou menos três anos, exclamavam surpresas: "Não é legal que a gente está viva?" É aquele tipo de encanto, misto de curiosidade e surpresa, que muitas de nós perdemos na nossa maneira adulta de dizer que estamos ocupadas fazendo coisas. Mas é aquele mesmo entusiasmo infantil que podemos recuperar se, simplesmente, nos tornarmos mais conscientes de nosso estar. Por que não pôr isso em prática hoje? Sua vida vai se tornar, muito mais do que você possa imaginar, mais calma e tranqüila.

95

LOCALIZE *SEU* CANTO DE COMPAIXÃO

❦❦❦

Para mim, compaixão é a capacidade de compreender a dor, o sofrimento ou a dificuldade de outros. Relaciona-se com ver a vida pelos olhos de um sem-teto ou de uma criança macilenta do terceiro mundo. É um empenho sincero no sentido de se colocar na situação dos outros, consumindo apenas uma fração de seu tempo para observar o estado em que se encontra um semelhante seu ou um animal torturado ou uma floresta tropical à beira da extinção.

Possuímos todos, dentro de nós, nosso canto de compaixão; é o lugar no coração onde aquele sentimento nos comove de tal forma que percebemos não haver outra opção salvo a de nos entregar de alguma forma, mesmo que pequena. Madre Teresa disse: "Não podemos fazer grandes coisas nesta terra. Só podemos fazer coisas pequenas, mas com muito amor." E ela estava certa, como quase sempre. Mas, sem dúvida, existem muitas coisas "pequenas" que podemos fazer com muito amor. Podemos dar nosso tempo, idéias, apoio, dinheiro, conhecimento ou, em sua expressão mais simples, a dedicação de nossos pensamentos, sem formação de juízo, mas cheios de amor sincero.

A compaixão se faz sentir em várias frentes. A mais óbvia,

claro, é que ela nos incentiva a fazer parte da solução; a cumprir nossa parte, seja ela qual for; ser útil; a fazer do mundo um lugar um pouco melhor. A doação de dez dólares por mês pode não significar muito para você ou para mim, mas pode representar a diferença entre a vida e a morte de outra pessoa. Ou se seu dinheiro anda curto ou for mais de seu agrado, contribua com seu tempo, mesmo que seja por algumas horas mensais, esse gesto pode fazer enorme diferença na vida de algum necessitado, ou horas postas à disposição de uma organização que precise de ajuda com amor. Kenna, nossa filha mais nova, disse certa vez, um tanto alvoroçada: "Papai, se eu juntar dez punhados de lixo por dia, isso vai dar 3.650 no fim de cada ano!" E ela cumpriu o que se propôs a fazer. Se todo mundo fizesse isso, sobraria muito pouco lixo para ser visto!

Apenso ao aspecto "ajuda" da compaixão vem um outro aspecto mais pessoal. A verdade é bastante cristalina: a paz interna e a compaixão andam de mãos dadas. O coração cheio de compaixão dificulta a presença de muito estresse ou infelicidade. A compaixão é um sentimento de aconchego que pacifica a alma. É como se ela fosse uma manta protetora contra os efeitos danosos da concorrência excessiva, estresse, cobiça, raiva ou ambição. É um mecanismo interno de equilíbrio que lhe faculta ser, por um lado, responsável, bem-sucedida e motivada e, pelo outro, sábia, generosa, cortês, calma e relaxada. A compaixão é uma coisa tão poderosa que até mesmo se seu único objetivo tiver sido o de auto-ajuda, ainda assim terá valido a pena.

A compaixão cresce com a prática. Quanto mais atenção você dispensar a seu "canto de compaixão", tanto mais saudável e desenvolvido ele vai se tornando. O segredo consiste em gastar um tempinho a cada dia refletindo sobre esse aspecto crítico da humanidade. No começo, qualquer tempinho, mesmo que apenas uns dois ou três minutos, já faz um mundo de diferença. Sente-se com tranqüilidade e reflita sobre como pode ajudar os outros. O resto se resolve sozinho. Afaste da mente a responsabilidade diária, os planejamentos e objetivos e deixe que a compaixão que se encontra em seu coração lhe supra as idéias. Talvez pense numa instituição a que pode ajudar ou pense num modo que lhe faça ser um pouco mais caridosa com as pessoas que conhece.

Nesse sentido, também é importante expandir a compaixão que reside em seu coração, de modo a abranger o cotidiano de nossas vidas. Será que poderemos ser mais pacientes com nossa família, amigos e colegas de trabalho quando eles cometerem erros? Será que poderemos "deixar prá lá" quando alguém nos "fechar" no trânsito? Será que saberemos fazer concessões para o fato de que todas as pessoas têm direito a uns "maus" dias? Será que vamos nos lembrar de dar um "desconto" para a garçonete, quando o atendimento deixou a desejar, ou para o bilheteiro, quando a fila parece estar se arrastando? Saberemos sorrir para nosso vizinho rabugento mesmo que "ele não o mereça" ou ouvir um amigo ou amante reclamar da vida, mesmo que nós também não estejamos lá de muito bom humor? Estes e milhares de outros exemplos são os caminhos que oferecem oportunidades para sermos mais misericordiosos no dia-a-dia de nossas vidas.

É impossível quantificar, mas meu palpite é que se cada uma de nós aumentasse sua compaixão em 10 por cento apenas, eliminaríamos muitos dos problemas correntes de nosso mundo. E mais, todas seríamos também um bocado mais felizes! Espero que você se junte a mim na busca que tem por objetivo aumentar meu canto de compaixão de modo que fique um pouco maior e bem mais visível. Vamos todas tentar abrir uma brecha no orçamento, no nosso tempo, nos nossos pensamentos e em nossas ações para criar um lindo canto coletivo em nossos corações – nosso canto de compaixão.

96

LEMBRE-SE:
O BAIXO-ASTRAL
DURA POUCO

❦❦❦

Os estados de espírito não têm grande importância a não ser que seu moral ande meio por baixo. Quando foi a última vez que pensou nos erros de sua vida? Aposto que não foi quando atravessava uma boa fase. Se você for como a maioria das pessoas, quando se encontra numa "boa", seu humor lhe será tão visível quanto o vento.

Então, que acontece quando nos sentimos na "fossa"? Quando você está nessa situação, tudo parece tragicamente diferente – o emprego, os relacionamentos, a vida familiar, as finanças, os problemas e tudo o mais. O mau humor exerce influência tão poderosa sobre sua percepção da vida, que até seu passado pode lhe parecer diferente. É claro que não é sua vida que se modifica a cada momento; o que muda é seu humor, seu estado de espírito.

Reza um ditado antigo: "Tudo que sobe também desce." Os estados de espírito não diferem muito do morro em que se sobe; a partir do topo de cada colina desce, pelo outro lado, uma rampa. Nossas mentes não poderiam ficar em alfa para sempre, porque, dessa forma, o equilíbrio não poderia ser restabelecido.

É de grande utilidade recordar-se de que, independentemente do aspecto que o baixo-astral possa tomar, sentir-se por baixo geralmente não passa disso: achar-se um pouco por "baixo". Só quando você dá força a esses sentimentos, fazendo com que adquiram expressão ao emprestar-lhes um significado exagerado, submetendo-os a sucessivas análises, é que eles podem assenhorear-se e dominar suas percepções da vida. É um receio costumeiro, e incrivelmente assustador, achar que uma situação dessas vai durar para sempre. Você vai perceber, no entanto, que ao identificar no mau humor sua condição de algo temporário e não deixar que ele aumente, você logo estará embarcando numa ascendente que vai conduzi-lo a um nível mental melhor.

Há determinados momentos da vida em que somos confrontados com assuntos e problemas reais que exigem toda a nossa atenção. Felizmente, a maior parte da vida é preenchida com assuntos de pouca monta, os tais "probleminhas". Esses são os que devemos saber identificar sem, no entanto, dar-lhes muito crédito. A hora de enfrentar os assuntos e problemas reais não é quando você se sente por baixo, mas quando se sente capaz. No entanto, se tiver de lidar com um problema ou uma situação num momento em que estiver por baixo – encrencas no trabalho, conflitos de ordem pessoal, algum tipo de má notícia –, lembre-se de que sua capacidade de avaliação provavelmente estará um pouco fora de esquadro no momento. Acautele-se. Desenvolva algum tipo de precaução mental. Questione seu julgamento, faça concessões para o fato de que está momentaneamente "por baixo". Lembre-se de que o problema, se ele realmente carecer de sua atenção, ainda estará lá à sua espera quando seu humor melhorar. Quando se sentir melhor, sua sabedoria e bom senso terão retornado. Os mesmos problemas, até mesmo no modo de senti-los, vão parecer diferentes.

Deixe que ilustre isso com um exemplo. Pouco tempo atrás, um assunto foi levantado na escola de minhas filhas. A questão estava criando tensões entre os pais e a administração da escola. Devido a um conflito entre os funcionários, uma das melhores professoras estava pensando em deixar a escola. Os pais – eu entre eles – resolveram que o melhor a fazer era escrever uma carta em defesa da professora. Ao reler a carta, percebi que meu estado de espírito não só não era dos melhores como, ainda, eu a havia escrito cheia de raiva. Apesar de ter assinado a carta na intenção de despachá-la pelo correio, achei melhor aguardar o término do fim de semana para reavaliar o assunto. Sem dúvida, à medida que meu humor foi melhorando, fui percebendo que os termos da carta eram muito ásperos e precisavam ser abrandados.

Imagine por um instante que você possui um "anel astral". O objetivo do anel é lhe avisar quando se encontra "por baixo". Quando o anel relampeja um vermelho vivo, está alertando que é chegada a hora de levar seus pensamentos e sentimentos um pouco menos a sério. Ele lhe informa que agora, mais do que em outras ocasiões, você vai ficar tentada a se colocar na defensiva, reagindo a tudo e tudo sentenciando. Sua vida vai parecer mais difícil e mais estressada do que realmente é. Você vai sentir uma certa urgência, uma necessidade de tentar "imaginar" como será sua vida ou resolver seus problemas.

Apesar da compulsão que lhe pede para reagir ao mau humor, é sua a tarefa de identificar que agora não é a melhor hora para tentar separar o joio do trigo. É mais sábio aguardar que o mau humor passe, o que vai acontecer por si só se você deixar que as coisas sigam seu caminho.

É claro que não possuímos um anel relampejador que nos avisa a quantas anda nosso humor! Mas temos à nossa disposição uma ferramenta que merece a maior confiança – a capacidade de sentir. Nossos sentimentos nos dizem, com precisão, qual é nosso presente estado de espírito. É só entrar em sintonia e prestar atenção para ficar sabendo como nos estamos sentindo. Quando estiver se sentindo meio por baixo, esse será o aviso de que seu modo de pensar não está bom ou sua capacidade de pensar está desligada. Se você não lhe atribuir muita importância, é provável que logo se recupere.

97

SUBA SEUS MORROS
PASSO A PASSO

❦❦❦

Recentemente vivi uma experiência maravilhosa ao passar um tempo em companhia de minha querida amiga Lisa, em sua casa na Itália. Nós esperávamos ansiosas os passeios que faríamos pelas trilhas das montanhas que descortinam vistas espetaculares do lago, das antigas vilas italianas e dos morros.

Quando você olha para uma montanha, evidencia-se por que elas serviram, sempre, como metáfora para os desafios da vida. Vista do sopé, o olhar abrangendo a montanha inteira de uma só vez, planejar como galgá-la pode constituir quase um desafio irresistível. Você avalia o morro em meio a pensamentos que refletem dúvidas de caráter pessoal, do tipo: *esta vai ser uma subida difícil. Puxa, como vou ficar cansada! Não sei se vou conseguir.* Mas, depois da hesitação inicial, você resolve ir em frente e, pé ante pé, vai se cadenciando, um passo de cada vez.

Na medida em que vai prestando atenção aos pés, você se concentra apenas no que está à frente. Aprecia a subida e dela tira prazer ao concentrar sua atenção aqui, a cada passo, a cada momento. Se começar a levar em consideração o que ainda falta subir para chegar lá em cima, você vai ficar cansada só de pensar no saldo da escalada e dessa forma põe em risco sua capacidade de completar a subida. Se der uma olhada furtiva para baixo, você pode assustar-se com a altura a que já chegou. Ou pode sentir-se exausta. Caminhar se transforma numa espécie de meditação. Antes que se aperceba disso e desde que seus pensamentos não a atrapalhem, você terá alcançado o ponto culminante do morro – e o terá conquistado dando um passinho de cada vez.

É certo que todos temos de enfrentar desafios durante nossa vida. O mistério reservado para cada uma de nós está em saber quais os que nos caberão. Lidar diariamente com nossos desafios não difere de subir o morro dando um passo de cada vez. Você dá conta de qualquer situação que se apresente como um obstáculo desde que lide com ela dando um passo de cada vez, concentrando sua atenção no aqui e no agora. Se tentar resolver o problema todo de uma só vez, arrisca-se a não ter fôlego para alcançar a linha de chegada. Não pense no futuro nem viva mergulhada no passado. Em tempos de desafios, necessitamos de todos os recursos disponíveis, porque nosso raciocínio vai ficar nebuloso e indefinido se perambularmos rumo a problemas passados ou futuros. Os desafios serão bem menos esmagadores se você procurar resolvê-los, com passinhos miúdos, no momento em que ocorrerem.

Seu morro ou obstáculo pessoal pode ser aquele que escolheu como objetivo específico ou que consuma seus esforços para superar um vício ou a fibra necessária para enfrentar as más notícias de uma doença. Lembre-se de que a jornada de mil quilômetros se inicia com um único passo. Qualquer que seja o desafio, você será capaz de enfrentá-lo, dando um passo de cada vez.

98
DEFINA
SEUS PROBLEMINHAS

※ ※ ※

Com o objetivo de aprender a não fazer tempestades em copo d'água, é muito útil saber definir o que entende por "probleminha". A partir daí, quando se aborrecer com alguma "coisinha", você terá um referencial, algo que a leve a não perder a perspectiva das coisas.

Talvez a maneira mais fácil de definir o que é pequeno seja pensar um pouco sobre o que é grande. Nós todos podemos nos relacionar com as coisas grandes – uma doença séria, a morte, problemas com drogas, fome, criança maltratada, uma emergência na família, falência ou súbita perda do emprego. Poucas pessoas irão negar que coisas dessa natureza, assim como outras de igual seriedade, não são realmente grandes.

Entretanto, ao pensar mais um pouco sobre o assunto, você é levada a concluir que quase todo o resto pode ser classificado na categoria de "probleminhas". É claro que nem Richard nem eu achamos que seja uma coisa pequena ou probleminha quando alguém invade sua casa ou rouba seu automóvel. Por outro lado, não chega a ser um caso de polícia quando alguém nos "fecha" no trânsito, esquece de retornar um telefonema ou nossa cintura acusa uma circunferência de 2,5 cm a mais que o desejado. Sem dúvida, mesmo antes de definir o que consideramos ser pequeno, a maioria de nós já estabeleceu, inconscientemente, quase tudo – o mais leve transtorno em nossos planos, a menor irritação – como coisa grande. E mesmo que não a definamos como sendo assim, nós certamente a tratamos como se assim fosse!

Embora poucas sejam as mulheres que morrem de vontade de lavar louça, é bom lembrar a sorte que temos de possuí-la. O mesmo raciocínio pode ser aplicado às questões do trânsito. Ninguém se rejubila com esses problemas mas, tomando-se em consideração os mais variados enfoques, não deixa de ser um luxo poder dispor de um carro ou outras formas de transporte. Quando nossos filhos reclamam, é uma "droga". Por outro lado, como é bom tê-los para amar mesmo se, por vezes, eles ficam reclamando.

Infelizmente não tem muita importância o quanto acreditamos nessa "lógica" da gratidão. Ela, por si só, não vai conseguir evitar que os problemas nos aborreçam. Todavia, é um bom começo. De fato, o primeiro passo é começar a definir as coisas como pequenas ao invés de grandes. À medida que vai ampliando esse modo mais saudável de ver os problemas, mais e mais deles vão se apresentar, a seus olhos, como coisa de pouca importância.

Obviamente, se eu achar que se trata de uma calamidade o garçom me servir um prato diferente daquele que pedi, a fila de atendimento do supermercado se arrastar ou Richard chegar com 15 minutos de atraso, é bem provável que eu vá me sentir na obrigação de reagir. A levar em consideração esses padrões quase impossíveis de ser seguidos, eu só poderei ser feliz quando todas as pessoas que fazem parte de minha vida estiverem me dispensando um tratamento impecável. Vejamos, isso já me aconteceu uma vez... 20 anos atrás!

Por outro lado, se eu definir essas coisas – e as outras milhares de fontes potenciais de irritação diária – como pequenas, então terei boas probabilidades de não me esquentar.

Quanto mais coisas definirmos como pequenas, melhor nos sentiremos. À medida que nos acostumamos a deixar as coisas rolarem, em vez de cerrar os punhos em meio a frustrações, nos sentiremos mais aliviadas e tranqüilas. Não só nos sentiremos mais relaxadas, mas aqueles à nossa volta também se sentirão mais à vontade. Isso se traduz em relacionamentos melhores, maior facilidade de comunicação, e num destaque maior na qualidade de nossas vidas.

Faça mentalmente uma lista de todas as coisas que considera "problemões". Então, à medida que as coisas vão aparecendo e você vai perdendo a tranqüilidade, procure se lembrar deste conceito. Se o que a transtornou não constar daquela lista, procure levar a coisa com mais calma. Respire fundo algumas vezes e siga em frente. Afinal, a vida nunca vai ser perfeita. Mas, ao definir nossos probleminhas, fica bem mais fácil situar as coisas nas suas devidas proporções.

99

SAIBA FIRMAR-SE
SOBRE AS PERNAS

❦❦❦

As mulheres nunca antes tiveram oportunidades tão numerosas para concretizar o que quer que pretendam. Não nos consideram mais o "sexo frágil", quer no trabalho ou nos esportes. Neste novo milênio, tudo está ao alcance de nossas mãos; hoje temos maiores oportunidades de obter paridade financeira do que em outras épocas e, pela primeira vez, as mulheres são (exceto em tempo de guerra), com maior freqüência, a principal fonte de sustento de seus lares. Podemos exercer a opção de ficar em casa para administrar o lar e cuidar dos filhos. Muitas mulheres conseguiram ser bem-sucedidas ao estabelecer um equilíbrio entre a carreira e a vida familiar.

Mas, apesar de ter à nossa disposição tantas opções, existem ainda algumas mulheres que subitamente são confrontadas com a viuvez ou o divórcio e que, justamente em virtude da dependência do parceiro, não têm a mais elementar noção de sua situação financeira. Não importa quais sejam as circunstâncias, você deve estar em condições de se sustentar tanto emocional como financeiramente.

Embora seja importante não viver com medo de que lhe sobrevenha algum tipo de calamidade, é recomendável que faça uma avaliação de suas aptidões, assim como das atuais condições do mercado, mesmo que não tenha intenção de sair à cata de emprego a essa altura do campeonato. Mesmo maritalmente feliz e com as finanças estáveis, as coisas podem mudar de uma hora para outra. Como você fica se algo acontecer com seu parceiro? Suas receitas estão asseguradas? Tem conhecimento de todos os seus investimentos, assim como de suas apólices de seguro? Munida dessas informações, você estará sempre prevenida para qualquer eventualidade. É sempre bom estar preparada, especialmente quando diante de uma tragédia inesperada. Na minha opinião, uma das piores coisas que poderiam acontecer, além do sofrimento da perda do parceiro, seria não saber como prover a família ou não ter elaborado um plano alternativo de ação.

Um dia uma amiga minha acordou – foi assim que ela me contou – sem saber dizer quando aconteceu, mas descobriu-se casada com um viciado em cocaína. Do casamento de 10 anos tinham dois lindos filhos. O marido, agora um viciado, liquidara o crédito que tinham junto aos bancos e, no processo, perderam a casa. Ela percebeu que sua única saída era acabar com o casamento e procurar sustentar-se sozinha antes que ele a arrastasse, junto com os filhos, para o fundo do buraco que ele cavara com o vício.

Contando com o pouco dinheiro que economizara, e ameaçada de falência, ela rodou com a van por vários dias à procura de alguém que acreditasse que ela teria condições de pagar o aluguel. Tinham-se passado muitos anos desde que minha amiga abandonara uma carreira em vendas, mas, felizmente, ela não deixara de manter contato com seus antigos clientes e arranjou imediatamente um emprego num escritório de alto nível.

Três anos mais tarde, sem contar com nenhuma ajuda do ex-marido, ela é proprietária da casa onde mora, os filhos estão matriculados em uma escola particular e, de tempos em tempos, até os leva ao Havaí durante as férias. Em termos de força e capacidade, ela é um bom exemplo de como se prevenir. Ela amava muito o marido e jamais planejou largá-lo, mas sabia que, se tivesse de fazê-lo, teria de se firmar por conta própria, por assim dizer, firmar-se sobre suas pernas – e assim o fez!

Você analisou, recentemente, sua capacidade de se enquadrar no mercado de trabalho? Se tivesse de voltar a trabalhar, em que campo gostaria de atuar? Tem em mente voltar aos estudos para ampliar seus conhecimentos e expandir seus horizontes depois que seus filhos estiverem crescidos? Não sou adepta de planos qüinqüenais, mas por vezes é importante ir se mexendo, mesmo que devagarinho, na direção certa, para não ser apanhada de surpresa por uma situação de desespero para a qual não estava preparada.

Manter-se informada sobre sua situação financeira faz parte do jogo para estar em condições de se sustentar quando necessário. Embora na nossa casa caiba ao Richard fazer a maioria de nossas aplicações financeiras, em termos de investimentos, apólices de seguro etc., ele sempre me mantém informada. Sei onde guardamos nossos documentos importantes e números de telefones de contato na eventualidade de uma emergência. Sempre discutimos sobre o que me caberia providenciar se algo de ruim acontecesse a ele.

Ser capaz de firmar-se emocionalmente significa que você está feliz não só por causa do companheiro que faz parte de sua vida, mas porque sua vida está repleta de desafios, recompensas e significado. Não precisamos olhar para outro indivíduo para nos sentir realizadas; ao contrário, devemos olhar para nós mesmas. Sentir-se realizada não é uma coisa que se possa delegar. É *sua* a obrigação de gerir seu bem-estar emocional e sua felicidade.

Estar preparada para poder se firmar emocionalmente e se sustentar financeiramente, caso isso se faça necessário, vai aliviar o estresse embutido na conjectura do "sou ou não capaz" de dar conta do recado. Quando tudo está em ordem, fica muito mais fácil achar solução para os problemas!

100
PREZE A JORNADA

🌿🌿🌿

Ah... que conceito: prezar a jornada! Antes que sua mente considere as provações e tribulações com as quais pode ter de se confrontar hoje ou o fato de que atualmente sua vida pode não estar correspondendo às suas expectativas, tire um tempo para repetir para você mesma estas palavras: "Hoje vou prezar minha jornada."

"Prezar" alguma coisa significa tê-la junto ao coração. Quando falo de prezar a jornada, o que quero dizer é que devemos ter a mais alta consideração pela dádiva da vida, para fazer dela uma aventura por um caminho que desbravamos.

Freqüentemente, Richard repete em suas palestras o seguinte: "A vida é um processo, não um destino." Você não vai chegar a "algum lugar" e lá tudo vai ficar bem. A alegria reside no próprio percurso. Sua jornada é o processo de cada momento, do dia-a-dia, e a atitude que você traz para esse caminho tem tudo a ver com o que dele vai receber. A pergunta que fica é a seguinte: você fica à espera do que a vida vai ser algum dia ou a vive agora mesmo, à medida que ela se vai desenrolando? A resposta vai definir se sua existência é vivida como uma aventura ou se ela é, repetidamente, posta em compasso de espera até segunda ordem!

Reconheço que existem dias em que acordamos achando que

vamos ter pela frente uma caminhada penosa por uma trilha enlameada, cercada dos dois lados por sumagres venenosos, em vez de saltitar livremente por um campo de flores silvestres com o vento soprando nos nossos cabelos. É precisamente nesses dias mais penosos que devemos nos lembrar de ter em alta consideração a jornada.

É bom que recordemos que em todas as férias pelo menos uma coisa não deu certo. No entanto, na época, não permitimos que isso estragasse a festa, que acabasse com nossa diversão. É com igual ânimo que devemos enfrentar cada dia, dele fazendo um novo começo que encerra em suas asas uma aventura para cada momento. (É bem verdade que preferimos não reviver alguns desses momentos.)

Certa vez eu estava sentada à mesa de um café em Berkeley, Califórnia, perdida em pensamentos. Por alguns minutos fiquei observando os pedestres que passavam. Com a aparência de cada pessoa a gritar "individualidade", como é de costume em Berkeley, fiquei refletindo como é maravilhoso que existam tantas pessoas diferentes quanto existem diferentes formas e cores. Eu estava bem consciente de que cada pessoa que passava por ali tinha sua própria história para contar – sem precedentes, completa, com passado, presente e futuro.

O ponto alto de nossas experiências encerra nossa biografia ímpar; cada pessoa assinala sua passagem pela história com seus próprios relatos e cada dia representa mais uma página virada. Desde a hora em que você acorda até a hora em que se recolhe à noite para dormir, vai assinalando sua jornada com momentos fugidios e a passagem dos dias. Ao fazer da jornada na qual se encontra seu objeto de estima, você vai começar a sentir imensa gratidão e assim, também, muito amor. Vai constatar que a vida lhe dá tudo de que necessita, e mais um pouco daquilo que pediu. Cada acontecimento tem um significado e um propósito e você vai perceber que os "probleminhas" na verdade não significam nada. É o martírio, a preocupação e o repisar dos probleminhas que não a deixam apreciar as experiências diárias.

Pela primeira vez na história, nós, mulheres, temos o mundo ao alcance das mãos. Tudo que temos a fazer é abrir as asas e voar como o vento, navegando com um pouco de bom senso, bastante empenho, muito entusiasmo e energia.

Portanto, habitue-se a acordar todas as manhãs com a intenção de ver a vida como uma incrível aventura – uma jornada a ser prezada. A vida é uma grande dádiva; ela é o tesouro do eldorado. Fazendo disso seu ponto de concentração ao iniciar cada dia, você vai sentir o deslumbramento e a maravilha que é a vida, na medida em que vai se abrindo para ser abençoada por ela.

Ao terminar, gostaria de agradecer a você, leitora, por ler este livro e compartilhar comigo deste pedaço tão prezado de minha jornada.

Com profundo afeto,
no amor e na luz,
Kris

NOTA DA AUTORA

A autora apóia a Fundação Susan G. Komen de câncer de mama.

As contribuições devem ser encaminhadas para:

Susan G. Komen Breast Cancer Foundation
PO Box 650309
Dallas, TX 75265-0309
Texas,
EUA.

Para maiores informações, acesse:
www.komen.org

COLEÇÃO ARCO DO TEMPO
Consultoria de Alzira M. Cohen

MEDITAÇÃO — Pam e Gordon Smith
VOLTA AO LAR — John Bradshaw
A CRIAÇÃO DO AMOR — John Bradshaw
QUÍRON E A JORNADA EM BUSCA DA CURA — Melanie Reinhart
PAZ A CADA PASSO — Thich Nhat Hanh
VIVENDO BUDA, VIVENDO CRISTO — Thich Nhat Hanh
A ESSÊNCIA DOS ENSINAMENTOS DO BUDA — Thich Nhat Hanh
O NOVO DESPERTAR DA DEUSA — org. Shirley Nicholson, vários autores
AS PLANTAS E SUA MAGIA — Jacques Brosse
ANJOS E EXTRATERRESTRES — Keith Thompson
A MENTE HOLOTRÓPICA — Stanislav Grof
MULHERES QUE CORREM COM OS LOBOS — Clarissa Pinkola Estés
AS CARTAS DO CAMINHO SAGRADO — Jamie Sams
CARTAS XAMÂNICAS — Jamie Sams & David Carson
PLANETAS DE SOMBRA E DE LUZ — Irène Andrieu
JOGOS EXTREMOS DO ESPÍRITO — Muniz Sodré
MÍSTICA E ESPIRITUALIDADE — Leonardo Boff e Frei Betto
CORPO SEM IDADE, MENTE SEM FRONTEIRAS — Deepak Chopra
O CAMINHO DO MAGO — Deepak Chopra
DIGESTÃO PERFEITA — Deepak Chopra
ENERGIA ILIMITADA — Deepak Chopra
DOMINANDO O VÍCIO — Deepak Chopra
SONO TRANQÜILO — Deepak Chopra
PESO PERFEITO — Deepak Chopra
AS SETE LEIS ESPIRITUAIS PARA OS PAIS — Deepak Chopra
O CAMINHO PARA O AMOR — Deepak Chopra
O CAMINHO DA CURA — Deepak Chopra
COMO CONHECER DEUS — Deepak Chopra
AS VIDAS DE CHICO XAVIER — Marcel Souto Maior
O LIVRO DO PERDÃO — Robin Casarjian
MENSAGEM DO OUTRO LADO DO MUNDO — Marlo Morgan
MENSAGEM DO ETERNO — Marlo Morgan
UM MUNDO ESPERANDO PARA NASCER — M. Scott Peck

A CURA E A MENTE — Bill Moyers
RUMO AO PONTO ÔMEGA — Kenneth Ring
CURA ESPONTÂNEA — Andrew Weil
SAÚDE IDEAL EM 8 SEMANAS — Andrew Weil
DONS DA GRAÇA — Lone Jensen
SEDE DE PLENITUDE — Christina Grof
PORTAIS SECRETOS — Nilton Bonder
REIKI — Brigitte Müller & Horst H. Günther
MILAGRES DO DIA A DIA — David Spangler
A SABEDORIA DO PAPA — Matthew E. Bunson (compilação)
CESTAS SAGRADAS — Phil Jackson & Hugh Delehanty
ESPERANÇA DIANTE DA MORTE — Christine Longaker
A SABEDORIA DO CORPO — Sherwin B. Nuland
O ESPÍRITO DE TONY DE MELLO — John Callanan, S. J.
SEU SEXTO SENTIDO — Belleruth Naparstek
FENG SHUI — Maria Margarida Baldanzi
REFÚGIO PARA O ESPÍRITO — Victoria Moran
AMOR & SOBREVIVÊNCIA — Dean Ornish, M. D.
NÃO FAÇA TEMPESTADE EM COPO D'ÁGUA... — Richard Carlson, Ph. D.
NÃO FAÇA TEMPESTADE EM COPO D'ÁGUA NO TRABALHO — Richard Carlson, Ph. D.
NÃO FAÇA TEMPESTADE EM COPO D'ÁGUA COM A FAMÍLIA — Richard Carlson, Ph. D.
NÃO FAÇA TEMPESTADE EM COPO D'ÁGUA PARA ADOLESCENTES — Richard Carlson, Ph. D.
EMOÇÕES QUE CURAM — org. Daniel Goleman
O TAO DA VOZ — Stephen Chun-Tao Cheng
O VALOR DA MULHER — Marianne Williamson
ILLUMINATA — Marianne Williamson
ANAM CARA — John O'Donohue
O JOGO DAS SOMBRAS — Connie Zweig, Ph. D. e Steve Wolf, Ph. D.
ANATOMIA DO ESPÍRITO — Caroline Myss, Ph. D.
PURIFICAÇÃO EMOCIONAL — John Ruskan
O PODER DO FLUXO — Charlene Belitz e Meg Lundstrom
DOZE PONTOS DE OURO — Aliske Webb
UM CURSO EM AMOR — Joan Gattuso
O DESPERTAR DO BUDA INTERIOR — Lama Surya Das
CÍRCULO DE XAMÃS — Olga Kharitidi, M. D.
ECOS ETERNOS — John O'Donohue